はじめての相続＋遺品整理

相続・終活コンサルタント・行政書士
明石久美

生前整理・遺品整理アドバイザー
上東丙唆祥

水王舎

〈はじめに〉
はじめて相続を行うあなたへ

親や配偶者が亡くなって、はじめて行う相続は、わからないことだらけ。そして、「生きているうちに聞いておけばよかった」ということが多くあります。死んでからでは遅い、とよく言われますが、相続もまさに同じ。親に何を聞いて、家族とどういうことを話し合えばよいかを知っておく必要があります。

親子・家族の関係によっては、すぐに話し合いができないかもしれません。ですが、事前に相続では何をするかがわかっていれば、あわてずに済みます。もめごとを避けるためにも、最低限の知識は身につけたいものです。

そして――相続において、自分の利益は別の人の不利益になりかねません。誰かが得をしようとすることで、それまでの関係が壊れてしまうことも。お互いの関係を良好に保つ相続にするために、この本が役に立てば幸いです。

相続・終活コンサルタント
ファイナンシャルプランナー・行政書士
明石久美《あかしひさみ》

はじめてだから、わからない！

相続でもめる4つの原因

仲の良い家族でも、大きなトラブルに発展することがあります。

1 費用　葬儀の費用が持ち出しに！

葬儀にかかった費用を立て替えたら、
そのまま持ち出しになった！

2 遺言書　遺言書が無効に！

亡くなった親の遺言書に
不備があり、無効に！

3
遺産分割

遺産分割が不公平だ！

同居して面倒をみたのに、きょうだいの
相続分が同じ……。不公平だ！

4
保険金

死亡保険金が分配されない！

死亡保険金の受取人が相続人のひとりに。
でも分配されない！

◀◀◀次のページから見てみよう！

● もくじ ●

パート1

親が亡くなる前にやっておきたいこと

パート2
相続が開始したらやること

パート3

相続手続きと相続税の申告

パート4

相続が終わったら遺品整理

ケースでわかる相続

企画・編集・本文デザイン／造事務所
カバーデザイン／井上祥邦（yockdesign）
イラスト／岡澤香寿美、イラストAC
協力／倉田楽

相続・遺品整理に関するチェックリスト

＜親に確認・家族で話し合うこと＞

- □ 葬儀費用は、誰がどこから出すか
- □ 死亡保険金の受取人と使いみちは何か
- □ 生前贈与をしているか
- □ 次の祭祀承継者をどうするのか
- □ 先祖代々の墓をどうするのか
- □ 親の墓はどのような墓にしたいのか
- □ 墓の費用負担はどうするか
- □ 親が認知症になったとき誰が後見人になるのか
- □ 任意後見契約の作成は必要ないのか
- □ 家族信託を利用する必要はないか
- □ 遺言書の作成をしているか、するつもりか
- □ どこの金融機関に口座を持っているか
- □ 借入金があるか、連帯保証人になっていないか
- □ 不動産の名義は誰か
- □ 菩提寺と訃報の連絡先、遺影写真の保管先は
- □ 作成したエンディングノートはあるか
- □ デジタルデータのIDやパスワード
- □ 生前整理（部屋の整理）を事前にするか

＜親の死後に行うこと＞

- □ 相続人の確定（戸籍謄本などの取得）
- □ 相続財産の目録作成
- □ 遺言書があるかの確認

□ 自筆証書遺言だった場合は検認手続き
□ 相続放棄・限定承認するかどうか
□ 遺言書がない場合の遺産分割協議書の作成
□ 相続手続きを専門家に依頼するか

＜相続手続きを自分たちで行う場合＞

□ 法定相続情報証明制度の利用（する場合）
□ 所有権移転登記
□ 預貯金や株式の相続手続き
□ 役所への届け出
□ 準確定申告（必要な場合）
□ 相続税がかかるかの確認
□ 相続税の特例に該当するかの確認
□ 相続税申告（必要な場合）

＜遺品の整理＞

□ 遺品整理をいつごろするか
□ 遺品の形見分けをするか
□ 遺品の寄付をするか
□ 遺品整理業者に依頼するか

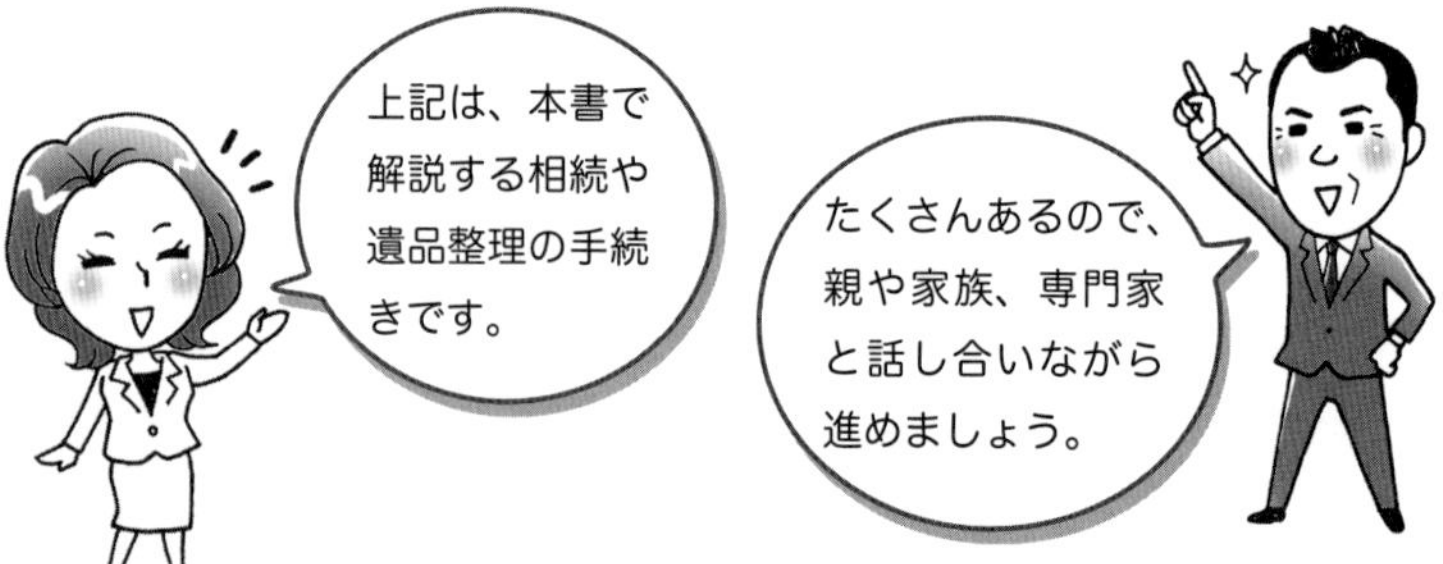
上記は、本書で解説する相続や遺品整理の手続きです。
たくさんあるので、親や家族、専門家と話し合いながら進めましょう。

【パート1】

親が亡くなる前にやっておきたいこと

問題になりそうなことは話し合っておく

家族が良好な関係を保てるよう準備を

親が亡くなると、家族は悲しみのなか、すぐに葬儀の準備をしなければなりません。葬儀後も、納骨、法要、役所への届け出や死亡保険金の請求手続き、遺産相続の手続き、有料会員の解約や不要な会員の退会、遺品の整理など、やらなくてはいけないことがたくさんあります。

これらのことは、遺された家族が協力し合って行うことばかりです。仲が悪くなってしまうと、スムーズに進みませんし、お互いいやな思いをしてしまいます。

いざ親が亡くなってから話し合うのもよいのですが、できれば事前に、家族で親の死後のことを話し合ったり、準備したりしておくことも大切です。

何をどこまで話をするのかは、その家族によって違いますが、まずは、必ずいつかは起こる親の相続について、目を向けることからはじめてみましょう。

❖親に遺産をどうするか考えてもらうことも必要

親の財産は、遺言書がない場合、相続人どうしでどのように分けるのか話し合わなければなりません。不動産と少額預貯金の財産を家族間で平等に分割することが困難な場合や、つきっきりで介護をした、贈与してもらっていたなど、さまざまな事情から財産をめぐってもめるケースは多くあります。

裁判所が出している平成28年司法統計年報データによると、遺産をめぐる争いで裁判になったのは1万2000件を超えています。全裁判のうち遺産額5000万円以下が全体の75・5%です。遺産をめぐって家族の関係が悪化したという話はめずらしくないのです。

今、家族仲が良くても、今後どうなるかわかりません。父が亡くなったときの相続ではもめなくても、母が亡くなったときにもめるかもしれません。

亡くなったときに備えての話は、なかなか本人に切り出しにくいものですが、家族の争いを未然に防ぐため、親が元気なうちに話し合っておくとよいでしょう。

葬儀費用を誰がどこから出すのか聞いておく

相続財産から差し引くには相続人の合意が必要

葬儀でかかる費用や寺院に渡す御布施などは、親が亡くなってすぐに必要となります。それらのお金は、誰がどこから捻出して支払うのでしょうか。

親の遺産から支払えばよいと思う人が多いのですが、それは、相続人全員が合意した場合です。葬儀費用などは遺産から差し引けると勘違いしている人がいますが、それは相続税の話と遺産を分ける話がごちゃまぜになっているからです。

相続税の計算をするときは、親の死後に発生した葬儀費用などを差し引けるのですが、遺産分割では、「親が亡くなった時点の財産」を分けるとされています。つまり、葬儀費用などを差し引いた残りを分けるのではありません。遺産から差し引くというより、かかった費用を相続人どうしがもらった遺産などの中から負担し合うイメージです。

❖立て替えた葬儀費用を喪主が自己負担することのないように

ここで注意が必要なのは、誰がどれだけ負担するのかを決めずに、喪主になる人が安易に立て替えてしまうと、その人の持ち出し（自腹）になる可能性があることです。相続人どうしで話し合ったとしても、葬儀費用の負担について全員が合意しなければ、相続財産から葬儀費用を差し引くことはできません。

つまり、あとで受け取れるとは限らないため、立て替えた人が結果的に負担をすることもあるのです。

葬儀費用負担のトラブルを回避する方法としては、親の生命保険を活用する方法があります。喪主になる可能性の高い人が受取人になるような契約にしてもらえば、それを葬儀費用にあてることができます。

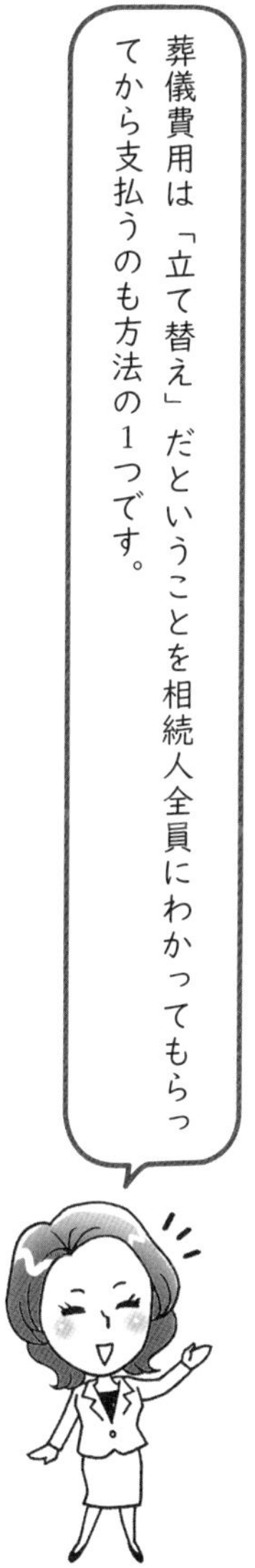
葬儀費用は「立て替え」だということを相続人全員にわかってもらってから支払うのも方法の1つです。

❖遺産分割前の預貯金の仮払いが可能に

現行では遺産分割前に預貯金を払戻しする（解約して引き出す）ことは難しいのですが、2018年の民法改正に伴い、預貯金の一部を遺族に仮払いできる制度が開始されます。施行（1年以内）されると、共同相続人は遺産に属する預貯金の3分の1に相続人の法定相続分をかけた額について、単独で仮払いができるようになります。

たとえば、相続する預貯金が3000万円あり、相続人が配偶者と子2人だった場合、預貯金の3分の1の1000万円に、各相続人の法定相続分をかけた額（配偶者500万円、子各250万円）については、遺産分割成立前でも払戻しできるようになります。そして、払戻した預貯金は、遺産分割で調整をしていきます。

これによって、葬儀費用は払戻した預貯金から支払うことはできますが、相続人の同意を得なければ、あとでもめる可能性もありますから、注意が必要です。

なお、金融機関ごとの払戻上限額（150万円の予定）は法務省令で決まりますが、複数の金融機関から払戻すことも可能です。

預貯金の一部を仮払いできる制度

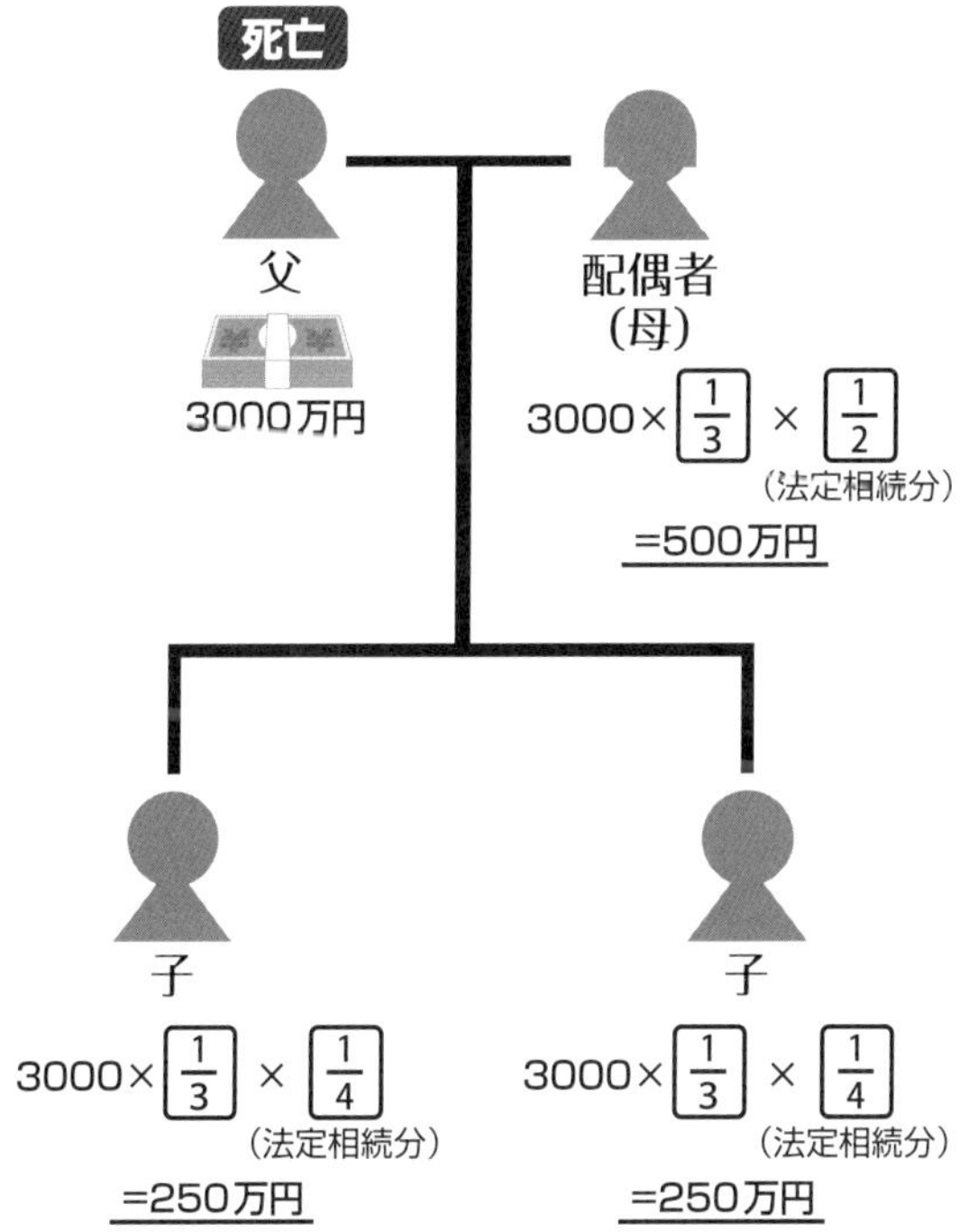

遺産分割前に払戻して葬儀費用にあてることができる。
ただし相続人の同意を得ておくこと。

保険金の使いみちと受取人を確認しておく

親の死後に起こる余計なトラブルを避ける方法

受取人が指定されている死亡保険金は、受取人固有の財産になります。ですから、保険金の受取人が、葬儀費用や御布施、お墓の費用などに使う義務はありません。

そうはいっても、親が葬儀費用などの支払いにあてるつもりで保険に加入しており、たまたまその人が遺族代表の受取人の場合には、話が違ってきます。

銀行口座の凍結は、金融機関が預貯金者の死亡を知ったときにされますが、それがいつになるのかわかりません。18ページで紹介した相続人が遺産分割前に預貯金を仮払いしてもらえる制度があっても、相続人であると立証する戸籍謄本が必要になりますから、準備に時間がかかります。

葬儀費用の支払いなどに困らないよう保険加入しているのなら、受取人固有の財産とはいえ、葬儀費用の支払いにあてるべきでしょう。

❖保険加入の目的に合わせた受取人にしてもらう

家族の間で起こる余計なトラブルを避けるためには、親が元気なうちに、保険金の利用目的と受取人が誰なのかを聞き、家族全員が納得することが大切です。

たとえば親から、「葬儀費用として使ってほしいから保険に加入した。受取人は長男にしてある」という説明が家族全員にあれば、目的がはっきりします。また、「なぜ1人だけ保険金がもらえるのか納得いかない」という不満も解消できます。

もし受取人が複数になっている場合は、保険金請求手続きが大変になるため、できれば、誰か1人になるよう変更してもらうほうが保険金受取りはスムーズです。また、親が保険に加入できるのなら、受取人ごとに契約してもらうのも方法です。

保険金の受取人変更は、契約者本人しかできません。しかも本人が認知症などにより判断能力が低下してしまうと変更できなくなります。

親が生命保険に加入している場合は、健康なうちにその目的と受取人を確認しておき、適宜見直してもらうことが必要です。

生前贈与をしているか

贈与にはいろいろなルールがある

親が生きているときに第三者に財産を贈ることを「生前贈与」といいます。毎年1月1日から12月31日までの間に贈与された額が110万円までなら、もらった人に贈与税がかかりません。これを暦年贈与といいます。

110万円を超えると、超えた額に対して贈与税がかかります。この110万円は、1人からではなく、その年にもらった合計です。両親から70万円ずつ贈与された場合は、30万円が贈与税の対象になります。

なお、毎年110万円を10年贈与するなどの場合は、1100万円を贈与したとみなされるため、毎年、贈与契約書を作成したうえで贈与するなどの配慮は必要です。

生前贈与は、財産をあらかじめ相続人に移して財産額を減らすこともできるため、相続税対策の1つとして用いられています。

❖贈与は遺産の前渡しになる

たとえば、長男が家を購入した際、父親が200万円を援助（贈与）していたとします。二男や長女に同様の贈与がないまま、父親が亡くなった場合、遺産分割の話し合いの際に、「長男は生前に援助してもらっている」という声があがっても不思議ではありません。

遺産をどのように分けるのかは、相続人の話し合いで決めればよいため、お互いが納得する形であればどのようにしてもよいのです。生前に贈与してもらっていたからといって、必ずその分を差し引かなければならないわけではありません。しかし、生前贈与の話が出た場合は、調整が必要になる可能性があります。

この生前贈与は、何年前までが対象という期間がありません。かなり過去の話まで持ち出して争いになるケースもあり、話し合いが円満にまとまらない場合もあります。

なお、相続税の計算上では、生前贈与は死亡前3年分を持ち戻す（相続財産に加える）ルールがあります。

❖配偶者へ居住用不動産の贈与

配偶者と婚姻期間が20年以上あり、居住用不動産やその取得資金を贈与する場合には、110万円のほかに、2000万円まで控除することができる「贈与税の配偶者控除」があります。

ただし、1人の配偶者からは一度のみで、贈与の年の翌年3月15日までに居住し、その後も居住する見込みであることと、税務署への届出が必要です。

2110万円まで贈与税がかからない（不動産取得税などは別途かかります）ので、これを利用して配偶者に自宅を贈与しているケースもあります。ところが、この贈与は、遺産分割をする際には特別受益（110ページ）とされ、贈与していないものとして遺産の額に持ち戻し（相続財産に加える）をしなければなりません。

しかし、改正民法が施行（2019年7月以内）されれば、配偶者保護のための方策（持ち戻し免除の意思表示の推定規定）として、遺産分割の対象から外れることになり、贈与した居住用不動産は、配偶者のものとして扱うことになります。

❖２５００万円まで非課税の相続時精算課税制度

相続時精算課税制度とは、60歳以上の親や祖父母が、20歳以上の子や孫に贈与するときに利用できる制度です。２５００万円までは非課税で贈与でき、超えた部分は20％の贈与税がかかります。

同一の父母または祖父母からの贈与において限度額の２５００万円までに達するまで、何回でも利用することができますが、その都度税務署へ申告が必要です。

この制度を一度利用すると暦年課税制度は使えず、変更もできません。しかし、父からの贈与は相続時精算課税を、母からは暦年課税と、別々に選択することができます。

このような制度を利用して、親が子に贈与しているケースもあります。贈与者が亡くなったときには、この贈与分が特別受益とされ、持ち戻されることになります。

なお、この制度の贈与者が亡くなったときは、遺産分割では「相続時の評価」、相続税では「贈与時の価額」として加算されます。

祭祀承継者と、墓の費用負担をどうするか

先祖代々のお墓をどうするのか、どのお墓に入る予定なのかを確認

お墓を考えるうえで大事なことは、親が先祖代々の墓を管理したり、年忌法要を主宰したりする「祭祀承継者」か否かです。

親が祭祀承継者の場合、そのお墓に親が入るのなら、誰が継ぐのか、そのお墓に入らないのなら、その後の管理や供養はどうするのかを決めていかなければなりません。

親が祭祀承継者ではない場合は、親自身が入るお墓を新しく設けるのか、身内のお墓に入るのか、といったことを親に聞いておくことも必要です。

また、先祖代々のお墓はあるものの、両親が別々のお墓を希望していたりする場合には、どこの地域にどのようなお墓を設けたいのか、墓地や墓石などの費用を誰が負担するのかなどについて、事前に親と話し合っておく必要があります。

❖お墓を生前購入するか否か

親がお墓を生前に購入すれば、子が購入費用を負担する必要はなくなります。さらに相続財産自体が減るため、おのずと相続税の節税につながります。祭祀財産は相続財産にならないからです。

しかし、早く購入することで、購入時から年間管理料などがかかったり、墓石の経年劣化や別の場所で気に入ったお墓が見つかったとしても、購入したお墓を転売できないなどのデメリットもあります。ですから、生前購入がベストとは、一概にはいえません。

お墓にかかる費用

永代使用料	お墓の土地の使用料。費用は返還されず、承継者がいなくなったら更地にして返還しなければならない。
入檀家料	檀家になる場合は、入檀家料（入檀料や入檀家志納料ともいう）が必要になることがある。
永代供養料	一定期間（３３年、２３年、１３年、７年など期間はさまざま）の供養に対する費用。
年間管理費	毎年かかる費用。
墓石代・工事費	墓の建立や墓石・墓誌などへの彫刻のほか、改葬（遺骨の移転）のときには墓を更地にしてもらう費用がかかる。
法要費用	開眼《かいげん》法要（魂入れ）、閉眼《へいがん》法要（魂抜き）、年忌法要などの費用や、法要後の会食費などがかかる。

❖相続人でなくても祭祀承継者になれる

今までの祭祀承継者が亡くなると、誰か1人が祭祀を承継することになります。通常は、配偶者や子が祭祀承継者となりますが、口頭や遺言書で指定がない場合は、お墓のある地域などの慣習に従います。それでも親族間でもめる場合は、家庭裁判所で決めてもらいます。また、親が亡くなる前に子に承継させることもできます。

お墓は相続財産ではないため、ほかの親族でも承継者になれます。それでもお墓を継ぐ人がいなければ、永代供養などを検討しなければなりません。

親戚が継いでくれるならそれが一番ですが、それが難しい場合は永代供養のお墓に移すことも必要です。

親の代で先祖代々の墓を永代供養にしておき、親は別の墓に入るのか、それとも子どもの代にすべて任せるのか、祭祀承継者と祖先の墓、親が入る墓について話し合っておきたい事項です。それによって、誰が墓の費用を負担するのかが変わるからです。

なお、永代供養のお墓だからといって、お墓参り不要というわけではありません。

先祖代々のお墓をどうするのかの選択技

- **ほかの親族に管理してもらう**
  →お墓の承継には管理の手間や御布施などがかかるので、その話し合いは必要
- **今の墓がある墓地の永代供養の墓に移す**
  →墓地敷地内に合祀墓、納骨堂、樹木葬など永代供養のお墓があればそこに移す
- **別の場所にある永代供養の墓などに移す（改葬する）**
  →市区町村をまたぐ場合は、墓地管理者の署名や墓がある市区町村役場で改葬許可申請の手続きが必要

●お墓の種類と内容

お墓の種類		内　容
寺院墓地		宗旨・宗派を問われる。費用は寺院しだい。原則檀家になる必要あり。
公営霊園		宗教自由。応募時期・資格が限定。生前購入可能な霊園もある。
民営霊園		宗教自由が多い。石材店選択不可。ペット可の霊園もある。
永代供養の墓	永代供養墓	宗旨・宗派不問。墓地の管理者などが永代にわたり遺骨を管理・供養。一定期間後に他の遺骨と一緒に埋葬。個別タイプや集合タイプより合祀タイプが一般的。
	納骨堂堂内墓	宗旨・宗派不問。遺骨を納める屋内型施設。棚式、ロッカー式、仏壇式、お墓式、機械式（堂内墓）などがある。
	樹木葬	宗旨・宗派不問。樹木を墓標としたり、樹木の周囲に埋葬したりする。
	散骨	パウダー状の遺灰を海、山、成層圏、宇宙などに撒いて弔う。条例等違反や近隣トラブルになる可能性があるため、散骨業者へ依頼して行う必要がある。
手元供養		ミニ骨壷などに分骨したり、ネックレスや数珠などに加工したりして弔う。遺骨（骨壺）のまま自宅供養できるが、埋葬許可証の紛失に注意。

誰が相続人かを知っておく

相続人の確定にはすべての戸籍謄本が必要

相続人が誰なのかを確定させるには、被相続人（死亡した人）の出生時から死亡時までの連続した戸籍謄本が必要になります。出生までさかのぼって戸籍謄本を取得する理由は、前妻（前夫）との間に子がいたり、養子縁組や認知している子がいたりしないか確認の必要があるからです。

戸籍謄本は本籍地の市区町村役場の窓口に請求します。「相続で必要なので、すべての戸籍謄本がほしい」と伝えれば、そこにある除籍謄本や改製原戸籍謄本など必要なものを用意してくれます。戸籍謄本には1つ前の本籍地が載っているので、死亡したときの本籍地から順にさかのぼって出生地まで同様に取得していきます。（遠い場所の場合、郵送のやりとりも可能）。請求する際には本人確認書類（運転免許証やパスポートなど）や被相続人との関係を証明できる戸籍謄本が必要です。

❖本籍地が複数ある場合は、事前に戸籍謄本を取得しておくとよい

親が本籍地を変更している場合、死亡後にそれぞれの本籍地で戸籍謄本を取得すると時間がかかります。ですから、今のうちにすべてを取得しておく手もあります。ただし、実際の相続の際には、3カ月もしくは6カ月以内に取得したものが必要なため、再取得が前提です。ですから、あくまでもサンプルとしての取得になります。

しかし、事前に取得しておくことで、どこにどのような書類があるのかがわかるため、再取得のときには同時に各本籍地へ請求でき、すぐにそろえることができます。

注意点は、事前に戸籍謄本を取得したために知らなくてよい情報を知ってしまう恐れがあることです。子が取得するのではなく、親自身が取得・保管しておいたり、子が承知のうえで取得したりするなど、取得の際には十分に注意が必要です。取得が難しいなどの場合には、すべての本籍地住所を親に残してもらうと困らずに済みます。

なお、本人、配偶者、直系血族（親と子）以外が申請する場合は、本人からの委任状が必要です。

❖法律で決まっている法定相続人と相続順位

誰が相続人なのかは民法に定められており、第一〜第三の順位が決められています。第一順位の該当者がいない場合には第二順位の人に、第二順位の人がいない場合には第三順位の人に移動します。なお、配偶者は常に相続人です。ただし、戸籍上の配偶者でなければならず、内縁・事実婚の妻（夫）は相続人にはなれません。

第一順位は「子」です。被相続人（死亡した人）の実子はもちろん、認知している子、養子縁組した子も対象になります。第二順位は「親」です。第一順位の子がいない場合、被相続人の親に相続権が移動します。父母が先に亡くなっていて祖父母がいる場合には、祖父母が相続人となります。第三順位は「きょうだい」です。第一順位、第二順位がいない場合、被相続人のきょうだいが相続人になります。

なお、被相続人よりも先に子が死亡、相続欠格・相続廃除（100ページ）の場合は、孫や甥・姪が相続人（代襲相続人といいます）になります。第一順位のみ再代襲（先に子と孫が死亡のとき、ひ孫が相続）があり、甥・姪には再代襲はありません。

法定相続人とその順位

配偶者＝常に相続人　子＝第１順位
親＝第２順位　きょうだい＝第３順位

子が先に死亡などの場合は、孫（孫も先に死亡している場合はひ孫）が代襲相続人になる。きょうだいが先に死亡などの場合は、甥・姪までが代襲相続できる。なお、相続放棄した人の代襲相続はできない。

夫が死亡した場合の相続順位

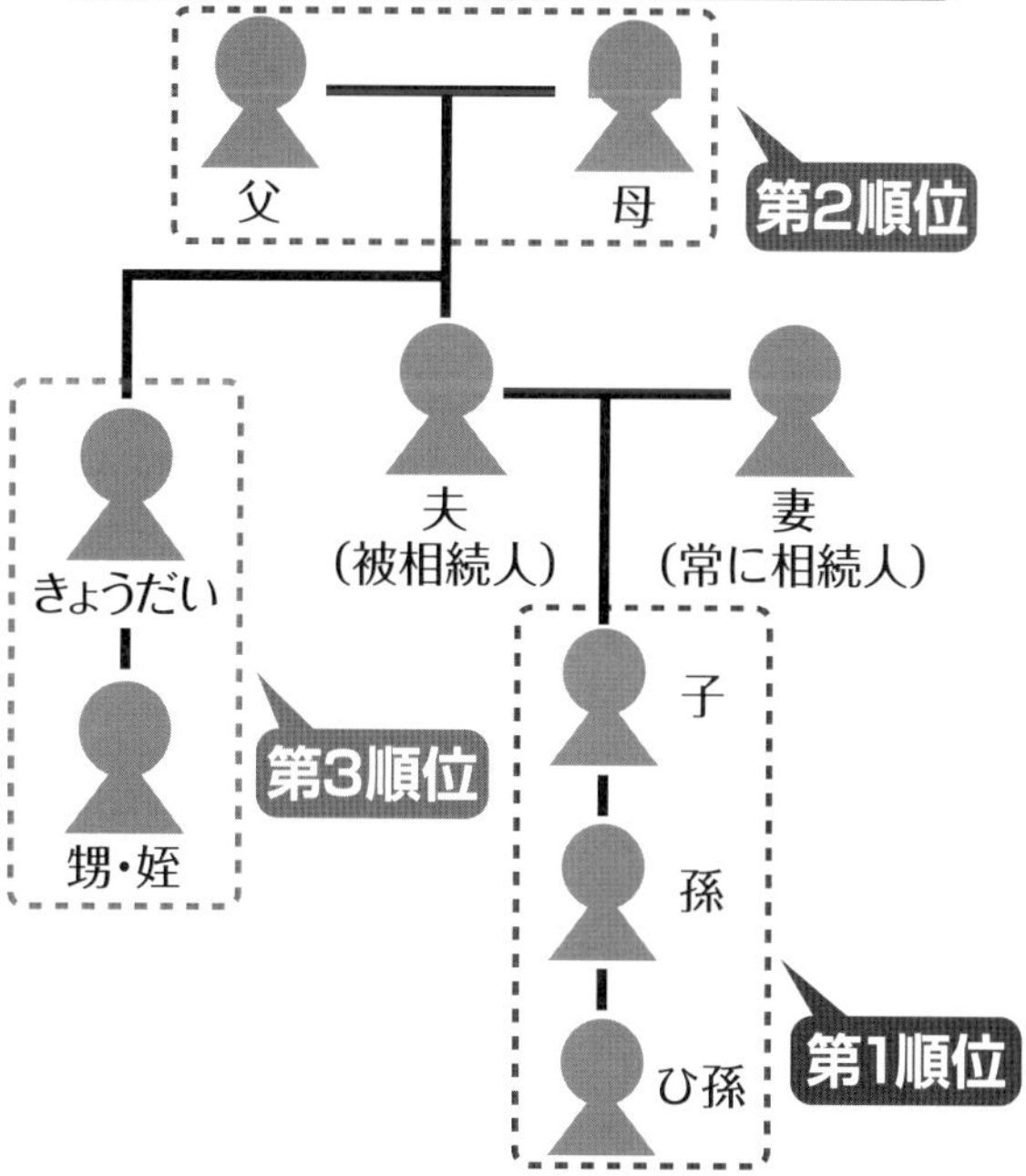

相続人に認知症などの問題はないか

相続人に認知症の人がいる場合は、成年後見制度を利用

親の判断能力が低下している場合、後見人などが必要になります。本人の財産管理や身上監護（生活・医療・介護に関する契約や手続き）などの法律行為を行う人です。後見人になるには、成年後見制度を利用します。この制度には、「法定後見制度」と「任意後見制度」があります。

法定後見制度は、すでに判断能力が低下していて代理人などが必要なとき、家庭裁判所に申立てをし、後見人などを選任してもらう制度です。本人の財産状況などに応じて決まるため、家族の候補者、専門家など、誰が選ばれるかわかりません。

任意後見制度は、判断能力があるときに、後見人になってもらいたい人と公証役場で契約書を作成しておき、本人の判断能力が低下したとき、その人に任意後見人になってもらう制度です。

成年後見制度の説明

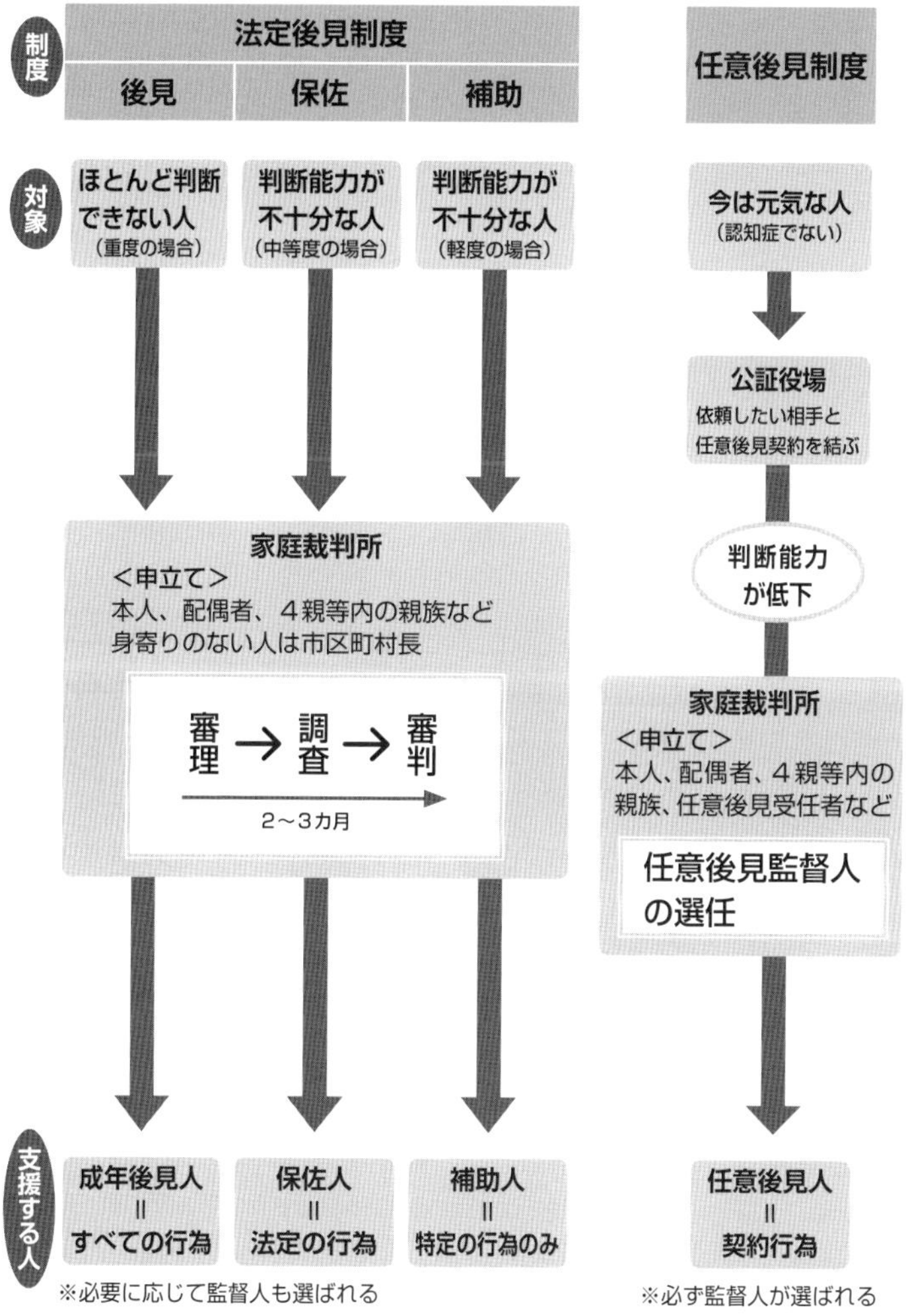
制度
法定後見制度
後見
保佐
補助
任意後見制度
対象
ほとんど判断できない人（重度の場合）
判断能力が不十分な人（中等度の場合）
判断能力が不十分な人（軽度の場合）
今は元気な人（認知症でない）
公証役場
依頼したい相手と任意後見契約を結ぶ
判断能力が低下
家庭裁判所
<申立て>
本人、配偶者、４親等内の親族など
身寄りのない人は市区町村長
審理→調査→審判
2～3カ月
家庭裁判所
<申立て>
本人、配偶者、４親等内の親族、任意後見受任者など
任意後見監督人の選任
支援する人
成年後見人＝すべての行為
保佐人＝法定の行為
補助人＝特定の行為のみ
任意後見人＝契約行為
※必要に応じて監督人も選ばれる
※必ず監督人が選ばれる

❖親が認知症の場合、遺産分割協議が大変

配偶者の死亡は多くのストレスを生じさせるため、判断能力が低下ぎみだった親が配偶者の死亡によって一気に悪化し、認知症になってしまうケースがあります。そうなると、遺産分割を行うのが難しくなってしまいます。

この場合は、親の代わりに遺産分割協議を行う人を、家庭裁判所で選んでもらわなければなりません（118ページ）。

そしてもう1つ困るケースとして、すでに軽度や中等度の認知症である親に、配偶者の死亡を伝えることができない場合です。本人の精神状態や精神的負担を考えると、内緒にせざるをえないためです。このようなときも遺産分割協議を行うことができず、困る事態となります。

すでに母（父）が認知症などの場合には、父（母）に公正証書遺言（50ページ）を作成してもらったり、家族信託（40ページ）の契約をしてもらったりなど、何かしらの対策を取ってもらうことで、相続手続きが負担なく行える場合があります。

法定後見の流れと申立てに必要な書類

2〜3カ月

申立て準備

・必要書類を集める　・申立書類の作成　・申立日の予約

↓

当日・審理

・申立書類の審査　・即日面談（本人や候補者から事情を聞く）
・調査官が調査や親族への照会を行う　・必要に応じて鑑定を行う

↓

審判・登記

・申立てが適当である場合には、審判が行われる
・後見人等を誰にするか裁判官が判断する
・告知から２週間の経過で審判が確定する
・裁判所から法務局へ後見開始の登記がなされる

↓

後見開始

・１カ月以内に、財産目録、年間の収支予定を立て家庭裁判所に提出する
※財産目録の作成が終わるまで急迫の必要がある行為しかできない
・本人に関する情報や財産の引渡しを受ける
・金融機関などで後見人等の登録をする

●本人が居住している地域を管轄する家庭裁判所で入手する書類

- □ 申立書　□ 申立事情説明書　□ 親族関係図
- □ 本人の住民票、戸籍謄本、家庭裁判所所定の診断書および付票、登記されていないことの証明書（後見開始の審判等を受けていない証明書。法務局で取得）
- □ 後見人候補者の事情説明書（候補者が親族の場合）
- □ 後見人等候補者の住民票、戸籍謄本（申立人が後見人等候補者の場合は不要）
- □ 本人の同意書や親族の同意書
- □ 本人の財産目録
- □ 本人の収支予定表もしくは収支状況報告書
- □ 本人の財産目録および収支状況報告書に関する資料のコピー（不動産の全部事項証明書、預貯金通帳や証書、負債に関する資料、収入に関する資料、支出に関する資料など）

❖負担をかける子へのお礼はどうするのか

親が認知症などで判断能力が低下し、子が後見人になった場合、「なぜ私ばかりに負担がかかるのか」と不満が出ることもあります。後見人が担う身上監護には、介護や食事の世話などは含まれていません。しかし、後見人と子の立場を明確に線引きできないため、結果的に親の面倒をすべてみることになりがちです。

まして、身内が後見人の場合には、無報酬になる可能性もあります。後見人は、後見人になって1年が過ぎたあと、収支の報告などを行う際に、報酬付与の申立てをすることができますが、認知症の親の財産状況によっては家庭裁判所が無報酬と判断することがあります。他のきょうだいの反応しだいでは、実費の交通費などでさえもらいにくく、結局負担ばかりがのしかかり、後見人を辞めたくなるかもしれません。

後見人は一度受任すると、原則辞めることができません。負担になりがちな後見人に誰がなるのか予測できるのなら、その人にある程度の気持ちを残すことも必要です。生前贈与、保険金、遺言書など、別途対策を考えてもらうようにしたい事項です。

❖あえて親子で任意後見契約もあり

おひとりさまなど頼れる身内がいない人が、将来認知症になったときのためにと、契約することが多い「任意後見契約」。この契約を親子ですることで、子に報酬を渡しながら任意後見を行ってもらうことができます。

家庭裁判所で後見人や報酬額を決める法定後見と違い、任意後見はあらかじめ後見人になってもらいたい人や報酬額を決めておくことができます。それによって、後で報酬がもらえず面倒だけをみるという不満が軽減されます。

ただし、法定後見よりできることの範囲が狭くなります。取消権・同意権がなく、代理権のみしかないからです。また、公証役場で契約書を作成しなければならず、任意後見契約を発効させる（家庭裁判所に申立てする）際には、必ず任意後見監督人が選任されます。

任意後見監督人への報酬は家庭裁判所が決めますが、結果的に任意後見人を含めた2人分の報酬が必要です。それを踏まえて任意後見人との報酬額を設定すべきです。

家族信託も視野に入れる

後見対策や遺言書の代用として活用できる

判断能力が低下すると、預貯金の入出金や支払いなど、金銭に関する管理ができなくなってしまいます。そのようなときには、後見人が財産の管理をすることになりますが、親が元気なときに、「施設に入居したら自宅を誰かに貸して家賃収入を得たい」「不要な不動産は事前に売却しておきたい」と本人が言っていたとしても、後見人独自の判断では貸したり売却したりすることができません。家庭裁判所の許可なく不動産の売却などができないからです。しかし家族信託（民事信託）を利用すれば、親が認知症になったとしても、それらを行うことができます。

たとえば、父（委託者）が自宅と預貯金などを長男（受託者）に託す「信託契約公正証書」を長男と公証役場で作成しておけば、契約後に父が認知症になってしまったとしても、長男は父の望みどおり、毎月一定額を父（受益者）に渡したり、施設入所

家族信託のしくみ

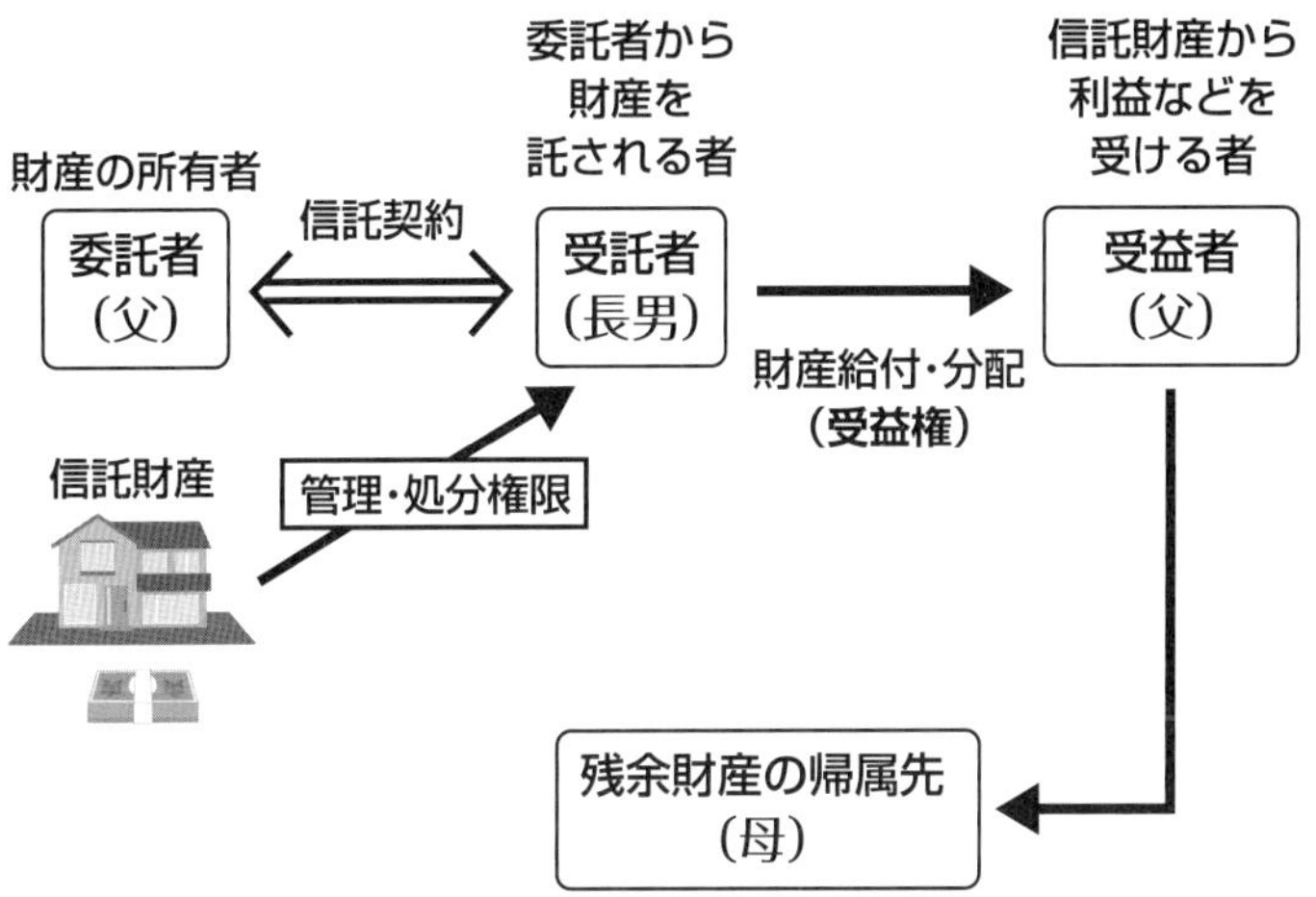

が必要なときに自宅を売却してその資金にあてたりなど、その契約に基づいて信託した財産を管理・処分することができるからです。そして、残余財産があれば、契約で決められた人に渡すこともできます。

　このように、成年後見制度の代用として家族信託を活用できますが、それは財産に関してのみで、身上監護については、別途、後見人が必要になります。

　家族信託は非営利目的でなければならないため、親族に財産を託して管理してもらう必要があります。専門家は受託者になれないからです。

信託財産の管理や処分は、契約に基づいて行われるため、父の死亡後に母に信託財産を渡すことになっている場合は、遺産分割協議なしで渡すことができ、遺言書と同様の効果を得ることができます。

それだけではなく、父の死亡後は母のために信託財産を長男に管理してもらい、母が亡くなったら最終的に残った父の信託財産を子たちで分けるなど、もっと先まで指示することが可能です。

なお、信託銀行などを受託者にする方法として、遺言代用信託があります。

❖遺言書の代用としても活用できる

父死亡後の信託財産の動き

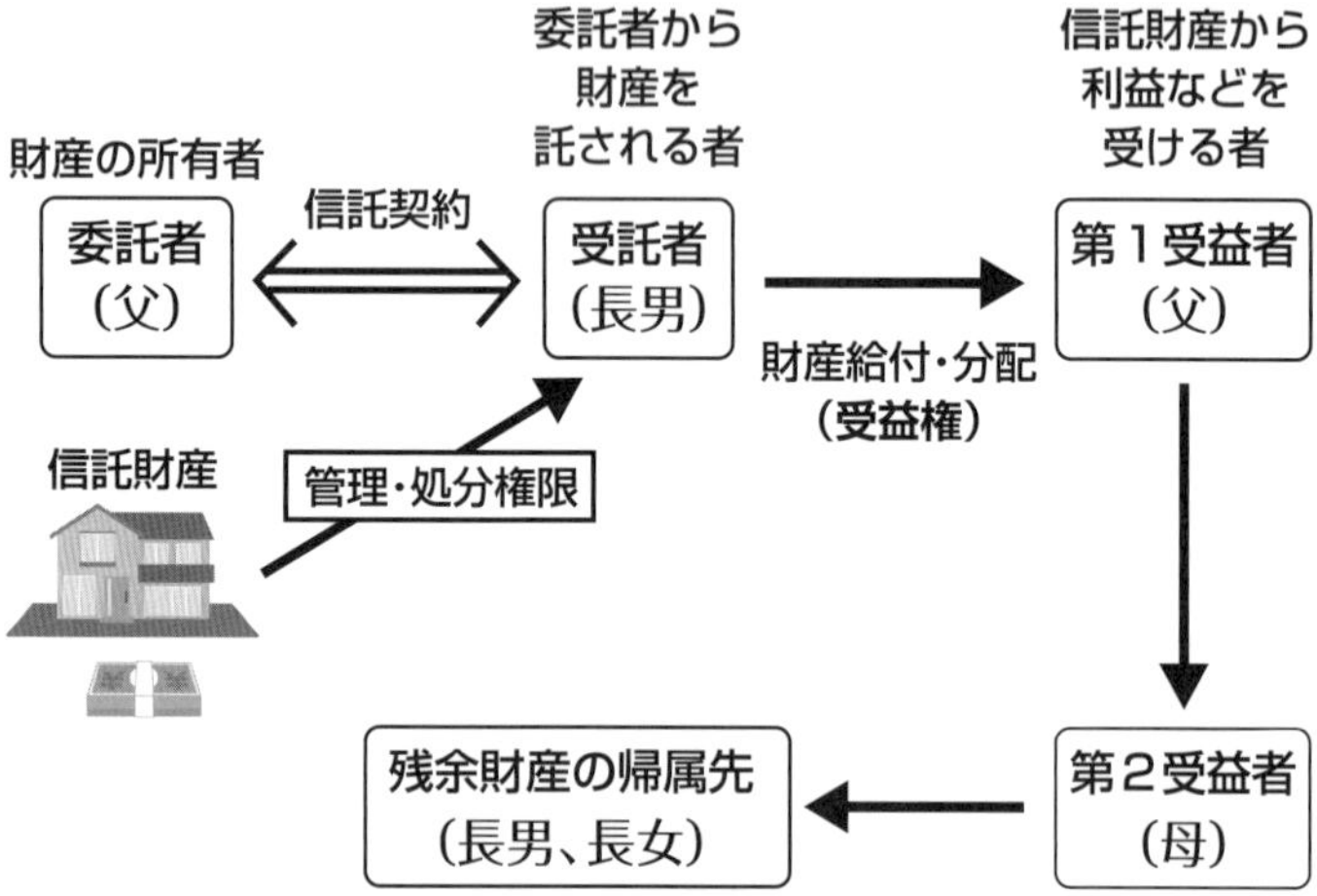

相続財産と信託財産（父→母→子の場合）

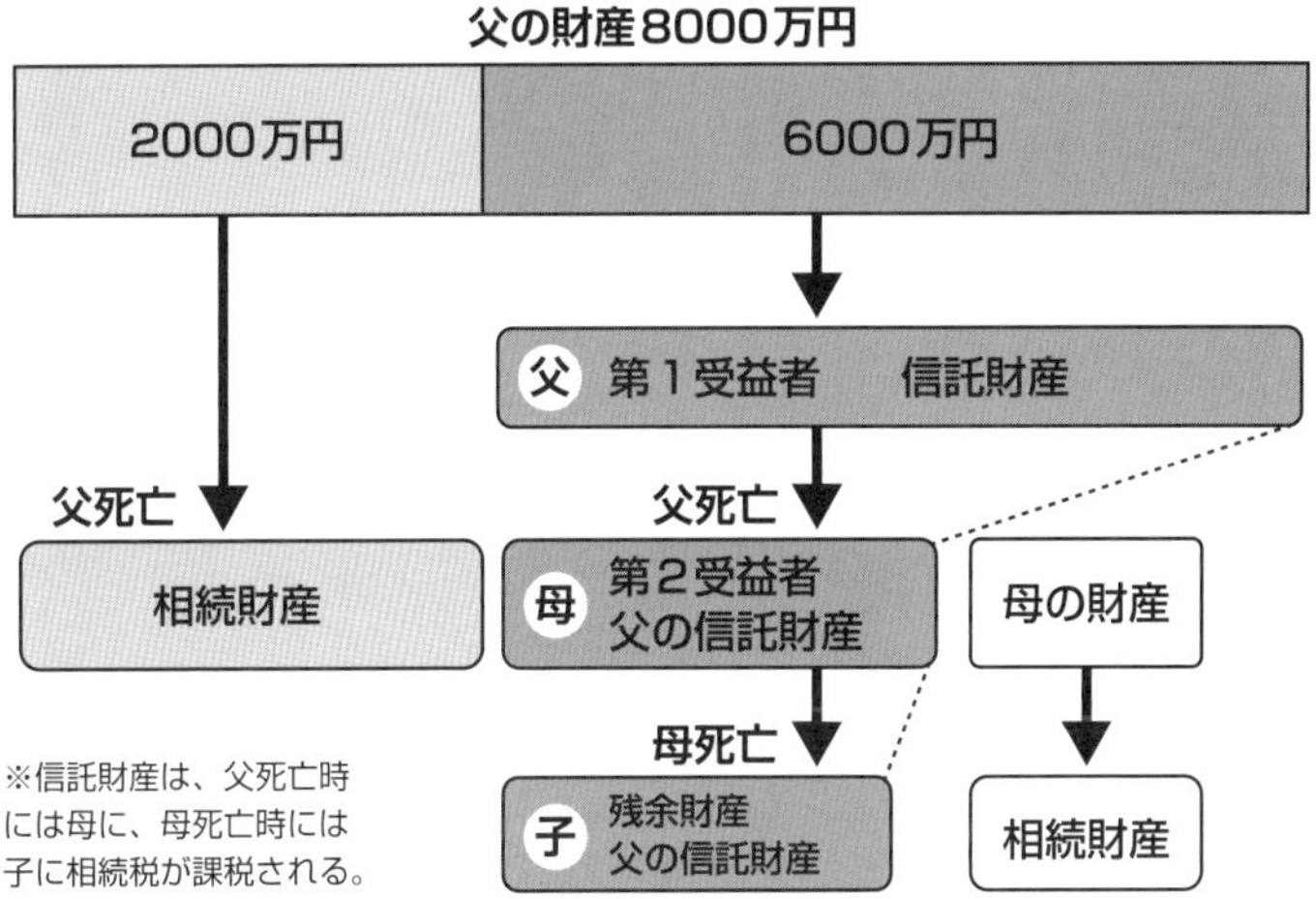
父の財産8000万円
2000万円
6000万円
父 第1受益者 信託財産
父死亡
父死亡
相続財産
母 第2受益者 父の信託財産
母の財産
母死亡
子 残余財産 父の信託財産
相続財産
※信託財産は、父死亡時には母に、母死亡時には子に相続税が課税される。

❖理解不足はトラブルの元

信託する財産は、所有者の財産と切り離されるため、「独立した別の財産」になります。かりに8000万円の財産があり、6000万円を信託したら、残りの2000万円が相続財産です。この分の遺言書を作成するか、相続人で遺産分割を行うことになります。

現在は、現金、不動産、未上場株式の信託がおもで、契約後に受け取った年金などは対象外になります。

信託財産と遺産の割合で家族間トラブルにならないかも考えましょう。

親に遺言書を作成してもらう

遺言書作成の必要性を理解してもらう

親の判断能力が衰えておらず、遺産相続について「自分の考えを尊重してもらいたい」「分け方を決めておきたい」と本人が希望しているのであれば、親に遺言書を作成するよう、さりげなく伝えてみてはいかがでしょうか。

しかし伝え方を間違えると、親から「縁起でもない」「財産目当てか」「早く死んでほしいのか」などと反発を受ける可能性があります。遺言書はあくまで本人の意思で作成してもらわなければなりません。当然、無理やり書かせるのは論外です。

親に切り出すときは、「相続をスムーズに進めるため」であるとか、「きょうだいの不公平感を解消するため」など、遺言書を作成する必要性を理解してもらえるよう、周囲で起こった（聞いた）トラブル事例なども織り交ぜながら、話をするのがよいでしょう。また、普段から相続について、さりげなく話題にすることも大事です。

❖相続人どうしのトラブルを未然に防ぐ

「仲が良いからもめるはずがない」「そもそも財産の少ないわが家には関係ない」などと、遺言書なんて自分には必要ないと思っている親は少なくありません。

しかし実際には、「それほど財産がない」と思っていた多くの家族が、遺産相続で争っています。もめるタイミングで多いのは、先に父（母）が亡くなってその遺産を母（父）と子が相続する1次相続よりも、その後母（父）が亡くなった2次相続です。

2次相続は、子どもどうしで行われることが多いので、「私が母の面倒をみたんだからもっと多くもらっていいはず」「お姉さんは留学資金を出してもらったんだから、相続分から差し引くべき」などと、心の底に長年閉じ込めていた不満が噴出することもあるのです。根底にあるのは不公平感です。

遺言書があればトラブルを防げるとは限りませんが、話し合いで決まらない、誰かが相続しなければならない農地や山林（管理が必要な不動産）があるなど、場合によってはあえて決めておくことで、争いを避けることもできるからです。

❖遺言書は大別すると2種類

遺言書は、大きく分けると2種類あります。全文を自分で書く「自筆証書遺言」、公証役場で作成する「公正証書遺言」です。それぞれにメリット、デメリットがあり、どの方式の遺言書であるのかによって相続手続きが異なります。

自筆証書遺言は、専門家に頼まなくても作成できる手軽さがありますが、「書かせた」「本人の意思とは違う」などのトラブルになりがちです。また、方式不備での無効や、内容の不備で手続きができないことも多くあります。遺言者の死後には遺言書を開封してはならず、家庭裁判所で「検認」（88ページ）を受けなければなりません。

公正証書遺言は、公証人が作成するので、方式の不備はありませんし、なによりも遺言者本人の意思が明確です。作成に費用がかかったり、証人が2人以上必要だったりしますが、「検認」が不要なため、すぐに名義変更などの手続きができます。

このほかあまり活用されていませんが、「秘密証書遺言」もあります。内容を秘密（封印）にしたまま、公証役場で存在を証明（証人2人が必要）してもらうものです。

自筆証書遺言と公正証書遺言のメリット・デメリット

	自筆証書遺言	公正証書遺言
メリット	・満15歳以上で意思能力があればいつでも自分で作成できる ・作成費用がかからない	・検認が不要 ・無効になるおそれがない ・紛失、偽造のおそれがない ・本人の意思が明確
デメリット	・検認が必要 ・方式の不備により無効になるおそれがある ・「書かせた」「筆跡が違う」など、有効・無効の争いが起こる可能性がある ・紛失、偽造・変造される可能性がある ・内容の不備で手続きができないケースもある	・気軽に作成できない ・作成費用がかかる ・証人２人以上が必要

❖自筆の遺言書は細心の注意が必要

自筆証書遺言は、①全文自筆、②作成日（年月日）、③署名、④押印が必要で、1つでも欠けると無効です。作成する際には、誰に、何を相続させたいのかわかるようにします。そして、相続人には「相続させる」、相続人以外には「遺贈する」と書きます。

なお、2019年1月13日以降は、「財産目録」のみパソコンでも作成が可能になります。ただし、遺言書自体は全文自筆のままです。目録の全ページには署名押印が必要です。

自筆証書遺言作成の注意点

- □ 鉛筆や消せるボールペンで書かない。
- □ 書き間違えたら再作成する（正式な訂正のしかたがあるため）。
- □ 日付は和暦・西暦どちらでもOK。
- □ 署名はフルネーム（できれば戸籍謄本と同じ漢字）がよい。
- □ 押印は実印がよい。シャチハタ印は無効。
- □ 夫婦連名、ワープロ作成、代筆、録音、録画は無効。

❖自筆証書遺言を法務局で保管する新制度

改正民法施行（２０２０年７月以内）後は、遺言者の居住地、または本籍地や所有する不動産の所在地を管轄する法務局に、自筆証書遺言の保管を申請できるようになります。申請があった場合、法務局で自筆証書遺言が保管され、遺言者の死亡後は他の法務局からも遺言書の有無を確認できるようになります。

現行制度では、自筆証書遺言を見つけても開封できず、被相続人の最後の住所地を管轄する家庭裁判所に「検認」の申立てをしなければいけません（88ページ）。検認を受けるために必要書類をそろえて申立てをし、呼び出しの日に出向くなど多くの時間が必要です。

それが、法改正により、法務局における遺言書の保管等に関する法律に則って保管されている自筆証書遺言については、家庭裁判所での「検認」が不要になり、相続人にとってかなりの負担軽減になります。今後は、自筆証書遺言を作成する場合には、法務局へ出向いて保管申請してもらうようにしたいものです。

❖公正証書遺言の作成方法

公正証書遺言を作成するには、公証役場へ出向く必要があります。病気や施設入所などで公証役場へ行けない場合には、公証人が出張してくれます（出張費用がかかります）。

遺言内容を決め、自分で必要書類などをそろえて公証役場で作成する方法と、遺言書の作成に慣れている専門家に必要書類を取得してもらい、遺言内容への対策などのアドバイスをもらったのち、公証役場で作成する方法があります。

公正証書遺言の作成に必要な書類

- □ 印鑑登録証明書（3カ月以内に発行されたもの）＋実印
- □ 遺言者の戸籍謄本、相続人の戸籍謄本（いずれも3カ月以内に発行されたもの）
- □ 相続人以外の人に遺贈する場合は、その人の住民票（3カ月以内に発行されたもの）
- □ 相続財産の確認や価額算定のための資料（不動産登記事項証明書、固定資産税の納税通知書または固定資産評価証明書、不動産以外の財産の場合はそれらを記載したメモなど）
- □ 証人の住所、氏名、生年月日、職業がわかるメモ（公証人に証人のあっせんを希望する場合は不要）
- □ 遺言執行者（遺言内容を実現する人）が相続人や受遺者以外の場合は、その人の住所、氏名、生年月日、職業がわかるメモ　など

公正証書遺言の作成方法

●自分で作る場合

① 遺言内容を考える

② 公証役場に予約

③ 必要書類を準備

④ 公証役場に行く

⑤ 公証人に必要書類を渡し、遺言内容を伝える

⑥ 公証人が聞き取った遺言内容を、後日作成する

●専門家を介する場合

① 遺言書作成を行う専門家へ依頼

② 必要書類を準備（戸籍謄本等は専門家が取得するケースが多い）

③ 遺言内容に必要な対策などがあれば、検討しながら決めていく

④ 専門家が遺言内容の原案を作成する

⑤ 遺言者が原案確認後、OKなら専門家が公証役場へ必要書類を含め提出

⑥ 公証人が遺言書を作成する

共通

⑦ 内容の確認をする（FAXなどで届いたもの。ここで支払額がわかる）

⑧ 遺言書作成の予約をする（証人も）

⑨ 本人と証人（2人）が公証役場へ行く

⑩ 公証人が作成した遺言内容を読み上げ、3人で確認

⑪ OKならそれぞれが署名・押印し、完成（現金で支払う）

相続財産が何なのかを把握しておく

親が元気なうちに財産や債務をわかるようにしてもらう

親の死後、残された家族は、親がどのような遺産を持っているのか、調べなければなりません。遺産分割や相続税の申告のために必要だからです。

預貯金通帳を探し、通帳を記帳して収支を確認し、未払金や債務があるのか生前贈与しているのかといったお金の流れを把握したり、ゴルフの会員権や運用商品などの有無も調べたりしなければいけません。

ところが、預貯金、有価証券、保険の証券をはじめとする財産の保管場所と内容については、親しか知らないケースが多いので、残された家族が探すとなると大変です。

また、ほとんど価値のない山林を所有していたというケースもあります。何かあったときに管理責任を問われる可能性もあるので、親が元気なうちにどのような財産を持っているのか、わかるようにしてもらう必要があります。

❖プラスの財産、マイナスの財産がある

相続財産には、プラスの財産とマイナスの財産があります。

プラスの財産には、現金や預貯金、土地や建物などの不動産、株式や債券などの有価証券、未入金の債権（売掛金）、自動車やバイク、宝石類などの動産があります。

マイナスの財産には、借入金や住宅ローンなどの残債務、保証債務、買掛金などの債務のほか、家賃や税金、医療費、クレジットカード払いなどの未払金があります。

プラスの財産とマイナスの財産を照らし合わせ、マイナスの財産が大きければ相続放棄（92ページ）を視野に入れる必要があります。また、遺産分割や相続の手続きが終わったあとに、もれていた財産の存在が発覚した場合、遺産分割や相続税の申告にも影響を与えます。

どのような財産がどれだけあるのかわからないと、誰が何をどれだけ相続するかを決めることも難しく、相続税額の確定にも影響をおよぼします。すべてを把握したのちに遺産分割や相続税の申告が行えるよう、しっかり調べることが必要です。

❖死亡保険金の「受取人が誰か」で手続きが変わる

加入している死亡保険金の受取人が誰なのかで、受取手続きの大変さが変わってきます。たまにあるのが、すでに亡くなっている親が受取人のままになっているケース。たとえば、父が契約者・被保険者（保険の対象者）で、受取人が母になっているけれど、すでに母が死亡している場合です。

その場合、父が死亡したときには、母の相続人がその保険金を受け取ることになります。母の相続人は誰なのかを、母の出生時から死亡時までの連続した戸籍謄本で確定させなければならないため、スムーズに保険請求ができません。

また、もう1つ手続きで大変なのが、受取人が「相続人」になっているケース。これも、相続人が誰かを確定させなければなりません。

受取人の変更は契約者しかできません。認知症などで判断能力が低下してしまうと変更ができませんから、母が亡くなっているなどの場合には、念のため保険の受取人を確認・変更するよう、親に伝えておきましょう。

相続財産、対象にならない財産

●プラスの財産

・預貯金　・現金　・土地、建物

・抵当権や借地権などの不動産に関する権利

・自動車、バイク、船舶　・家具、電化製品

・美術品、宝石類　・株式や債券など有価証券

・ゴルフ会員権

・損害賠償請求権、慰謝料請求権などの裁判上の地位

・特許権、商標権、著作権などの知的財産権

・売掛金

●マイナスの財産

・借金　・住宅ローン　・自動車ローン

・借金の保証人になっている場合の債務

・未納の税金や医療費

・未払い家賃　・未払いの代金（買掛金）

●対象にならない財産

・香典　・死亡保険金　・死亡退職金

・遺族年金　・墓地、墓石、位牌、仏壇、仏具、神棚、家系図などの祭祀財産

不動産の名義は誰か

亡くなった人のままだと不具合が生じる不動産の名義

不動産の名義が誰なのか、親ですら忘れている場合があります。よくあるのが、父親が亡くなって、不動産の登記を調べてみたら、名義がずいぶん前に亡くなった祖父（祖母）のままになっていたというケース。相続で不動産を取得しても、登記上の名義を変更せずとも罰則はないため、そのままにしている人もいます。

しかし、亡くなった人の名義のままにしておくと、その不動産の売却や、それを担保とした銀行からの借り入れはできません。

いずれにしても将来、自宅を誰かに相続させたり、売却したりすることがありますから、もし名義が故人になっていたり、親の旧姓になっていたりするのなら、相続人が大変な思いをしないように、親が元気なうちに親本人の名義に変更してもらいましょう。

❖亡き祖父母名義の不動産、親の死後では手続きが大変

たとえば、登記上の所有者が祖父になっている不動産を父が相続し、所有者を父に変更しないまま長男が相続した場合（父の相続人は長男と二男）をみてみましょう。

名義を長男に変更するには、祖父の相続人全員（父と父のきょうだい）に合意や押印をもらわなければなりません。しかし、父や父のきょうだいがすでに死亡している場合は、その相続人（長男と二男、いとこなど）の分が必要です。

このような相続を数次相続といい、亡き親の相続人の地位を引き継いで、まだ行われていない祖父の手続きを行っていきます。代襲相続（祖父より先に父が死亡したため子が相続）と似ていますが、祖父の相続を行うには、多くの相続人の戸籍謄本が必要になるため、とても大変です。

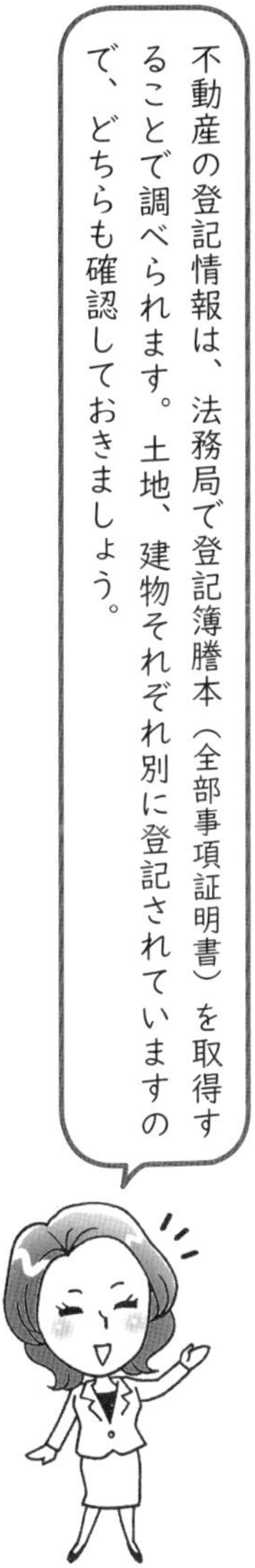
不動産の登記情報は、法務局で登記簿謄本（全部事項証明書）を取得することで調べられます。土地、建物それぞれ別に登記されていますので、どちらも確認しておきましょう。

今後のために聞いておきたい事項

葬儀のあり方やお墓などの情報も重要

親が亡くなったとき、最初に行うのは葬儀です。この葬儀で、きょうだいが嫌な思いをしてしまうと、その後の相続にも影響をおよぼしかねません。葬儀社選び、葬儀内容など、喪主1人ですべてを決めるわけにはいきません。御布施の額、葬儀費用など金銭面もからみますから、きょうだいでの話し合いは必要になります。

最近は、さまざまな葬儀のスタイルがあります。たとえば家族葬。この家族葬は定義がありません。家族だけ、親戚も含めて、故人の友人も少し含めてなど、それぞれの解釈が違うと、そこで意見がぶつかってしまいます。

お墓や法要についても同様です。きょうだいで決めていかなければなりません。

だからこそ、これらについて、事前に親子・きょうだいで話し合っておき、実際の葬儀や納骨などの際に、困らないようにしておくことが大切なのです。

❖財産に関係ない情報や保管場所も重要

実際に葬儀ですぐに必要な情報やものとして、菩提寺の連絡先、訃報の連絡先、遺影写真があります。もし、柩《ひつぎ》の中に入れたい、もしくは親が入れてもらいたいと望んでいるものがあるなら、そのものと保管場所の情報も必要です。

お墓に関しては、親が祭祀承継者なら墓地管理者の連絡先や石材店の連絡先がわからないと困ります。また、今まで親が使っていた品物についても、処分してほしいのか、誰かに渡したいのかなどもあります。

人が亡くなるということは、その人が生活していたときに持っていたものや人とのつながりを、誰かが継いだり、整理したりしていかなければなりません。財産のみに目がいきがちですが、実際に葬儀、納骨、法要、遺品整理、役所への諸手続きなどをするときは、本人が持っていたものが必要だったり、周囲の人が関わったりします。

保管場所や情報は本人しか知らなかったり、聞かなければわからなかったりする場合が多いので、機会をみて確認しておきましょう。

❖通帳や印鑑などの保管先を確認しておく

預貯金の通帳や印鑑、保険証券、契約書など、何がどこに保管されているのかがわからないと、相続の際に財産を確定するのに困ります。もれている財産があるのかないのかもわからないからです。このようなものや書類などに関しては、どこに保管されているのかあらかじめ聞いておくと家族は困らずに済みます。

とはいえ、通帳や印鑑など重要なものに関しては、親は子に伝えるのを嫌がる場合もありますから、知る必要性を理解してもらい、誰か1人は聞いておきたいものです。

親の死後に困るのは、親が誰かの連帯保証人になっている場合です。連帯保証人は実際にお金を借りた人の債務について、その人と同様の支払い義務を負います。借主が返済しない場合や滞納したような場合、債権者が連帯保証人に支払いを請求してくれば、元本だけでなく利息の返済にも応じなければいけません。

親の死後、突然請求が届いて困らないように、連帯保証人になっている契約があるか否かは、確認しておきたい事項です。

親が亡くなる前に知っておきたい情報

- □ 菩提寺などの連絡先、宗派
- □ 訃報の連絡先
- □ 遺影写真の保管場所
- □ 棺の中に入れてほしいもの
- □ 墓地管理者の連絡先（菩提寺と異なる場合）※1
- □ 墓地の規約の保管先※1
- □ 年間管理料※1
- □ 石材店の連絡先※1
- □ 持っている口座の金融機関名と支店名
- □ 保険証券の保管場所
- □ 契約書の保管場所（賃貸借、消費貸借など）
- □ 口座引き落としのもの（有料会員、積立てなど）
- □ 貸付金、借入金、連帯保証の有無や相手先
- □ 外部契約などしているもの。家の外にある遺品など（レンタル倉庫、駐車〔輪〕場、ポストや宅配ボックスの開け方など）

※1 祭祀承継者の場合

※2 65ページのエンディングノート作成の注意点を参考に、それぞれをわかるようにしてもらうとよい

エンディングノートの有無を確認する

プラスにもマイナスにもなるエンディングノート

親がエンディングノートを書いているかどうかも知っておきたいことの1つです。エンディングノートは、病気、介護、葬儀、墓、財産、遺品、自分史や趣味嗜好など、本人が生前や死亡後の個人的な要望や事実を書き残すためのものです。

しかし、エンディングノートを残すことで、家族に迷惑をかけてしまう場合もあります。法的効力はなく、それを実現する義務もありません。

病歴や告知、延命治療、菩提寺や訃報の連絡先、趣味嗜好などの事実情報は必要ですが、要望に関しては、家族のことを考えたうえで残してもらわなければなりません。

もし、親がエンディングノートを書いているのなら、今のうちに内容について実際に話をしてみるとよいでしょう。これから書いてもらうのなら、61ページと65ページを参考のうえ、書いてもらうようにしましょう。

❖財産の詳細や分け方を書くとトラブルになることも

エンディングノートに親が財産の分け方を書いていたら、「親の要望なのだからこのとおり分けよう」「法的効力はないのだから従う義務はない」など、家族間のトラブルを引き起こしてしまいかねません。要望とはいえ、書いてはいけない情報です。

まして、自筆証書遺言の要件（全文自筆、作成年月日、署名、押印）を満たすエンディングノートは正式な遺言書になるため、取り扱いに注意が必要です。

また、財産の詳細（預貯金の残高、通帳・銀行印の保管場所や暗証番号、ネット銀行や証券などのWeb使用のパスワード、クレジットカードの詳細など）を残すと、誰かに搾取されてしまう可能性も出てきます。空き巣に入られて盗まれてしまったり、家族に使い込まれてしまったりする可能性もあるのです。

とはいえ、どの金融機関に口座を持っているのか、遺言書があるのかなどがわからないと家族は困りますから、その情報は残してもらうべきです。第三者に見られて困る財産の詳細情報は、財産の管理をする子などが知っておくようにしておきましょう。

❖親の願いを叶えてあげたいけど困る要望も

親が何気なく残したエンディングノートでも、子は親の要望を叶えようとする傾向があります。「最後の親孝行」だったり「最後の望みだから」という理由からです。つきあいの多い親が「葬儀は行わず火葬だけにしてほしい」などと残すのも家族は困ります。もしそのとおりにしたら、周囲からの心ない言葉に傷ついたり、本当にこれでよかったのかと悔やんだりしてしまいます。また、「海に散骨してほしい」という要望であっても、家族は違う形での供養を望んでいるかもしれません。

親の供養を行うのは残された家族です。その家族の気持ちを無視して要望をぶつけるような内容を残すのは、家族を困らせる結果になりかねません。

エンディングノートは、家族への配慮が必要です。親に書いてもらうのなら、「こんなトラブルもある」「子が困ることもある」ということを理解してもらうようにしましょう。一番よいのは、ノートの内容を題材に親子で話し合い、それを書き留める使い方です。お互いの気持ちや考えもわかりますし、コミュニケーションもとれます。

親に伝えたいエンディングノート作成の注意点

□ 作成する目的を明確にする（子が困らないようにと思って作成するなら、子が困らない内容を残す必要がある）。

□ 見られる前提で作成する。

□ 定期的に見直しをする。

□ 要望に加え、理由を書いておく（家族が意図を理解しやすい）。

□ 家族が困らないか、心理的・経済的負担はどうなのかを考える。

□ 人の指名や場所の指定などは、残されることで困る人もいる。

□ 延命治療や病名・余命の告知など、家族が判断するかもしれないことは書いておくべき。

□ 葬儀の形式や規模などは「質素に」「普通で」などあいまいにせず、イメージが伝わる具体的な方法（写真、見積書）を示す。

□ 預貯金額や通帳などの保管場所は書かない（誰かに保管場所は伝えておく）。

□ IDとパスワードをセットで残さない。

※61ページの親が亡くなる前に知っておきたい情報は残してもらうようにしておく。

デジタル遺品は把握しにくい

本人しかわからないデジタルデータは処分できない

「デジタル遺品」という言葉が徐々に浸透してきました。

デジタル遺品には、スマートフォンや携帯電話、パソコンといった情報端末の遺品、その中に保存されている写真や仕事の書類などのデジタルデータの遺品、インターネット上にあるＳＮＳ（ラインやフェイスブック、ツイッターなど）アカウントと書き込んだ投稿、個人のネット銀行の口座の預金なども含まれます。

大きく分けると「デジタルデータをつくって保管する機器」「デジタルデータそのもの」「インターネットを介して使える状態になっているもの」の3つになります。

デジタル遺品で困るのは、本人以外はわからないことです。最近の情報端末は強固なパスワードでロックするシステムが組み込まれています。持ち主が設定したパスワードを入力しない限り、電話帳すら見られません。

❖お金が絡むものはトラブルに発展も

親が亡くなったとき、親からＩＤやパスワードを教えてもらっていなければ、ネット銀行やネット証券、Ｗｅｂ明細などを確認することはできません。そもそも家族はどのようなデータがあるのか知らないものです。

デジタル遺品があることが伝わっていないことで家族が困る最たるものはお金関連です。とくにネット証券で証拠金取引などを行っている場合では、放置しておくと負債に転じる可能性もありますので、トラブルに発展しかねません。

月額や年額で利用している有料サービスや会員も同様です。引き落とし口座が凍結されれば支払いは止まりますが、未払い分の請求がメールで届いても気づきません。

デジタル遺品の中には、親が家族に隠しておきたいものもあるでしょう。秘密にしておきたい写真や動画、メールやＳＮＳでのやりとりなど、家族に見られたら恥ずかしいと感じるものもあるかもしれません。パスワードでロックされていなければ、親の死後、家族が見る可能性は高まります。

❖必要な情報が伝わるリストを親に作成してもらう

親が元気なうちに対応してもらいたいものは、情報を残してもらわないと家族が困るもののリスト作成と、親が隠したいデジタルデータの整理・処分です。

まずは親が所持している情報端末と、スマートフォンの通信契約、インターネット回線の契約、利用しているネット銀行やネット証券、Ｗｅｂ明細にしているクレジットカードのサイト、動画サイトやオンラインゲームなどの定額有料サービス、ＳＮＳやブログなど無料会員サービスなどリストアップしてもらいましょう。会員サービスは、親の死亡後に時期をみて解約していくものと、すぐに解約するものに分けてもらうようにしましょう。家族が解約しなくてはいけないサービスは、解約手続きをするときにどこへ連絡をすればいいのかをリストにし、親に保管してもらいましょう。その際に必要なＩＤやパスワードなどの情報の伝え方は次ページで説明します。

こうして、親がどんなデジタル遺品を持っているのかを大雑把でいいですから把握しておけば、万が一のときにあわてなくて済みます。

対応したいデジタル遺品リスト

＜デジタルデータを保管する機器＞

□ パソコンのロック解除方法

□ スマートフォンのロック解除方法

□ そのほか保管機器のロック解除方法

＜デジタルデータそのもの＞

□ 電子メール

□ 音楽

□ 写真（画像）

□ 動画

□ 書類などのデータ

〈インターネットを介するもの〉

□ インターネット回線の契約情報

□ プロバイダなどの契約情報

□ ネット銀行・証券の口座明細

□ その他インターネット上の会員登録情報

□ SNSの登録情報

□ クラウドのデータ

IDやパスワードを残してもらう

生前に知られると困る場合はリストにヒントを記入

ネット取引は、インターネットに接続しなければ解約・退会できないものが多くあります。そのため、親には口座のあるネット銀行やネット証券、有料サービスやSNS、ブログ、ホームページなどのURL、ID、用途・備考などが一目でわかるリストを作成してもらう必要があります。

生前にIDとパスワードを他人に知られると、本人の不利益になる可能性があります。あるいは、お金や人間関係などで余計なトラブルを避けるため、親が拒否する場合もあります。こういうときは、一覧リストにパスワードのヒントを残してもらいましょう。その対応表などを信頼できる人に伝えておくなどしてもらいます。

パスワードはエンディングノートに残してはいけません。盗難にあったり、家族に使い込みされたりする可能性があるからです。

相続時に解約などが必要なものリスト

名称	①A銀行B支店	②ブログ	③T会社
URL	https//www.●●●.co.jp	https//www.▲▲▲.co.jp	https//www.■■■.co.jp
ID	9876543	5566efg	abc@xyz.ne.jp
パスワード	8字英数字	6字英字	6字英字
用途・備考		放置でOK	会費5800円／月 定期購入。解約のこと

●パスワード対応表

a**4**s***	①
h**s*i	②　③

（別の場所にパスワード対応とわからないようにしておく）

●注意点

・IDとパスワードをセットで残さない。

・ネット銀行、ネット証券、WEB上で解約や退会が必要なものを残す。

ケースでわかる相続①

親への声かけ

父も母も80歳代前半。まだ元気なうちに、遺言書の作成や葬儀・お墓について考えてもらいたいのですが、どう声をかければよいのでしょう——

終活セミナーが近くで行われていたため私1人で参加したところ、やはり両親にぜひ考えてもらいたいと強く思ったものの、どう親に切り出していいのかわからず、セミナー終了後に講師に聞いてみました。

すると、「親御さんによっては、準備することが死を見つめることになるため、避けたい人もいます。ですから、どれが妥当かわかりませんが、『友人の親が亡くなり、とても大変だったという話を聞いたから、嫌じゃなければ教えてほしいのだけど』とか、『私が今通っている勉強会で宿題を出されて』などのほか、『終活セミナーに一緒に行かない？』と率直に誘うのもありです。自治体によっては、シニア大学やシニア向けのイベントなどがありますから、そのようなところを案内するのも方法です」とのことでした。

さっそく伝えてみようと思います。

親は、第三者の言葉のほうが、耳を傾けます。財産の話以外の内容から考えてもらうほうがスムーズです。

【パート2】

相続が開始したらやること

相続手続きの大まかな流れ

相続人の確定、財産調査、遺言書の有無確認を行う

相続の手続きは、遺言書の有無、相続する・しない、遺産分割協議の成立・不成立など、それぞれのケースによって流れが異なりますが、どのケースにしても必ず行うのは、相続人の確定です。被相続人の出生時から死亡時までの連続した戸籍謄本を取得します。家族が知らない相続人がいるかもしれませんし、遺言内容によっては遺留分（80ページ）も絡むからです。また、相続手続きでも必要になります。

同時に、財産の調査も行います。遺言書の有無に関係なく、負債が多い場合には相続放棄をしたい人もいるからです。

そして、公正証書遺言がある場合は遺言執行が、自筆証書遺言の場合は検認（88ページ）ののち遺言執行がされます。遺言書がない場合は、相続人全員で遺産分割協議を行います。

相続手続きの大まかな流れ

死亡

↓

7日以内　死亡届の提出

↓

10・14日以内　健康保険・年金関係の手続き

↓

相続人の確定（被相続人の出生時から死亡時までのすべての戸籍謄本などが必要）

負債・保証債務含む財産調査・評価・不動産の鑑定、財産目録の作成、遺言書の有無を確認

→①**遺言書がない場合**
相続人全員と遺産分割協議、遺産分割へ

→②**自筆証書遺言の場合**
家庭裁判所へ検認手続き、遺言執行へ

→③**公正証書遺言の場合**
遺言執行へ

↓

3カ月以内　相続放棄・限定承認（する場合は家庭裁判所へ）

↓

4カ月以内　準確定申告（必要な場合）

↓

納税資金の検討・準備
（不動産売却、延納・物納の検討含む）

相続税計算、申告書作成
（相続税納付がある場合や特例※利用のとき）

↓

10カ月以内　相続税の申告と納税（原則現金一括納付）

※小規模宅地等の特例（自宅等が８割評価減）、配偶者の税額軽減の特例（１億6000万円もしくは配偶者の法定相続分相当額まで非課税）

❖期限が決まっているものがある

相続人の確定と財産調査が終わったら、相続人は①相続する、②相続しない（相続の放棄。90ページ）、③財産の範囲内で債務を引き受ける（限定承認。94ページ）を決めます。何も選択しなければ①になります。なお、②③は、相続開始を知ったときから3カ月以内に、家庭裁判所に申述（申立て）する必要があります。

そして、親に一定の所得があり、死亡時までの所得の申告が必要な場合は、4カ月以内に「準確定申告（140ページ）」を行います。

さらに、「相続税の申告（152ページ）」が必要な場合は、10カ月以内に申告と納税をします。相続税は、遺産分割協議が整っていない場合、法定相続分で分けたとして計算され、それに応じた税額を納付しなければなりません。

相続には、期限が定められているものがあり、申告などが必要な場合は、早めに行わなければなりません。しかも、必要な書類や手続きが多くあります。相続人全員の協力が必要ですから、協力してくれるか否かでスムーズに進むかどうかが決まります。

❖子と親がいない人の相続は戸籍謄本の取得が大変

たとえば、配偶者と子がいない叔父（父の弟。２人兄弟）が亡くなったとき、相続人が甥と姪（父はすでに死亡）だった場合、どのような戸籍謄本が必要でしょうか。

まず、①叔父の出生時から死亡時までの連続したすべての戸籍謄本を取得し、叔父に配偶者と子がいないことを証明します（第一順位の相続人がいない証明）。

次に、②叔父の親である祖父と祖母それぞれの出生時から死亡時までの連続したすべての戸籍謄本を取得し、叔父のきょうだいが誰かを確認します（祖父母死亡による第二順位不存在の証明と第三順位の相続人の確認）。これによって父と叔父の２人兄弟ということがわかります。

③父が死亡しているため、父の出生時から死亡時までの連続したすべての戸籍謄本を取得し、甥と姪２人が代襲相続人であることを証明します。

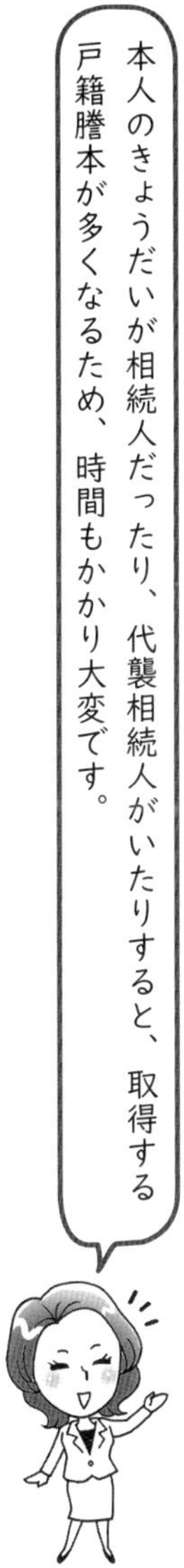
本人のきょうだいが相続人だったり、代襲相続人がいたりすると、取得する戸籍謄本が多くなるため、時間もかかり大変です。

遺産の割合を定める法定相続分と遺留分

遺言書がない場合の遺産の分け方は自由

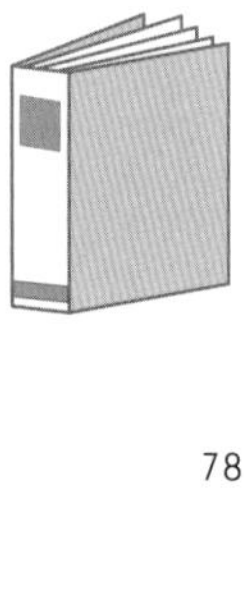

法定相続人と法定相続分は決められています。たとえば父が先に亡くなった場合は、その配偶者である母が相続人となり、次のような割合になります。

①母が2分の1、残りを第一順位（子）の人数で等分する。②第一順位がいない場合、母が3分の2、残りを第二順位（父の親）の人数で等分する。③第二順位がいない場合、母が4分の3、残りを第三順位（父のきょうだい）の人数で等分する。

民法ではこのように決まっていますが、遺産を分ける際には、どのように分けるのかを遺産分割協議で自由に決めることができます。その結果は法定相続分より優先されるため、法定相続分に縛られることなく決めることができます。

なお法定相続分は、相続税の計算や次ページの遺留分などの際に、その割合が使われます。

法定相続人と法定相続分

ケース1 ┆ 相続人が配偶者と子2人の場合

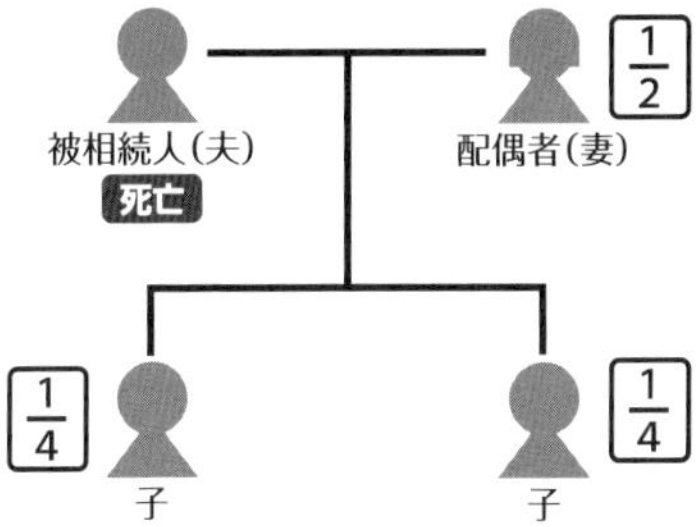

配偶者は常に相続人なので、配偶者と第一順位の「子」が相続人となる。相続分は、配偶者と子がそれぞれ2分の1。子が2人いるので、子1人の相続分は4分の1となる。

ケース2 ┆ 相続人が配偶者と父母の場合

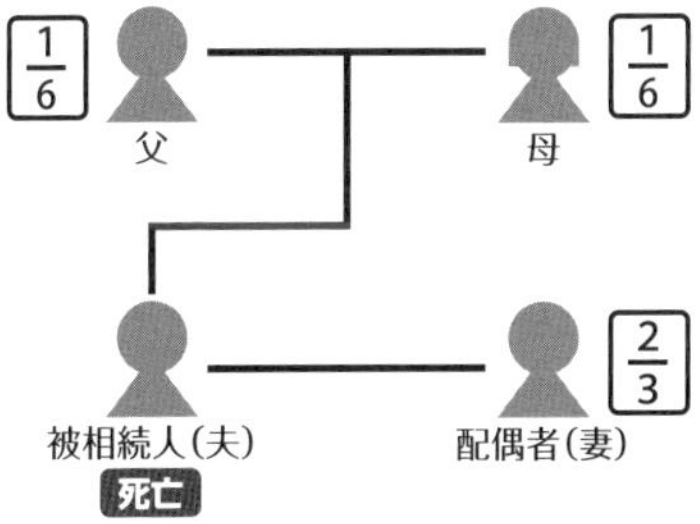

夫に子がいない場合は、配偶者と第二順位の「親」が相続人となる。相続分は配偶者が3分の2、親が3分の1。親は3分の1を2人で分けるため、6分の1ずつとなる。

ケース3 ┆ 相続人が配偶者ときょうだい3人の場合

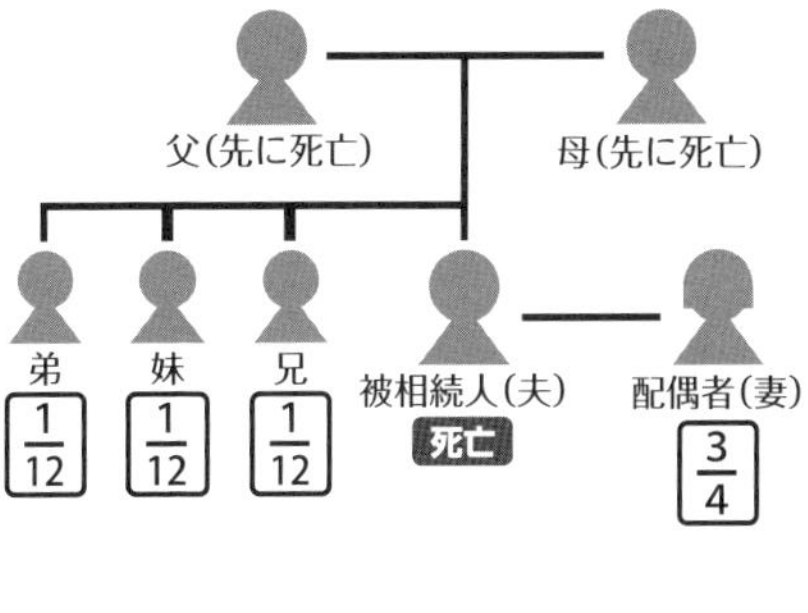

夫に子がなく、夫の両親も先に死亡している場合、配偶者と第三順位の「きょうだい」が相続人となる。配偶者は4分の3、きょうだいは4分の1を3人で分けるため、12分の1ずつとなる。

❖相続人に最低限の相続割合を保証する「遺留分」

遺言書に、「全財産を長男に相続させる」と書かれていると、配偶者が住む家を失ったり、生活が急に苦しくなったりする可能性があります。そのため民法では、法定相続人に対し、最低限の相続割合を保証する「遺留分」が定められています。

遺留分が認められているのは、配偶者、直系卑属（子、孫）、直系尊属（被相続人の親や祖父母）に限られており、被相続人のきょうだいには認められていません。遺留分の割合は法定相続分の半分ですが、直系尊属のみが相続人の場合は3分の1です。

遺留分は、必ず相続させなければならないものではありません。主張する権利があるだけのため、主張するか否かは本人次第です。

遺留分を主張するには、遺留分を侵害している人に対して、自分の取り分を請求する意思表示が必要です。一般的には、遺留分の請求（遺留分減殺請求《いりゅうぶんげんさいせいきゅう》）を内容証明郵便で相手に送ります。遺留分減殺請求は、相続の開始および遺留分の侵害を知った日から1年以内かつ、相続開始から10年以内に行わなければなりません。この期限が過

遺留分の割合

相続人	遺留分
配偶者	1/2
子	1/2
親	1/3
きょうだい	なし
配偶者と子	配偶者1/4、子1/4
配偶者と親	配偶者1/3、親1/6
配偶者ときょうだい	配偶者1/2、きょうだいなし

ぎると請求できなくなります。

遺留分は、遺言書で分割を指定され、不服がある場合に主張するものです。ですから、遺産分割協議のように、自由に分け方を決められるものは、対象になりません。また、相続人以外の人も主張できません。

遺留分をめぐる争いは多くあるため、遺言書を作成するなら、遺留分も視野に入れた作成が必要になります。

なお、民法改正後は、「遺留分侵害額請求権」に改められ、遺留分権利者は遺留分に満たない分を金銭で請求することができるようになります。

相続財産を確定し、価額を評価する

負債も含めた被相続人の財産を調査して財産目録を作成

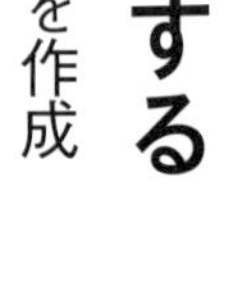

遺言書がなかった場合と、自筆証書遺言の内容が無効であった場合には、相続人全員による遺産分割協議が必要となります。

その前にしなければいけないのが、相続財産の確定です。相続するか、放棄するかを判断するには、まず被相続人がどんな財産を持っていたかを調べ、プラスの財産とマイナスの財産を確定しなければなりません。

相続財産を確定したら、それを一覧できる財産目録を作成します。この財産目録が正確でないと、のちのちトラブルの原因となります。あとからどんどん財産が出てきた場合は、また手続きのやり直しをしなければならないことにもなりかねません。

もれやすい財産には、ネットバンク、通帳のない銀行や海外の銀行預金、自動車、名義変更がされていない先代の土地、他人と共有名義の不動産などがあります。

❖財産の評価は遺産分割や相続税の額に影響する

財産目録は被相続人の財産を単にリストアップしたものではなく、すべての財産の価額を評価するものです。そのため、相続手続きを行うために必要な重要ポイントの1つになります。

財産評価が記された目録は、相続放棄や限定承認をするか否かの判断にもなりますし、その後に行われる相続人全員による遺産分割協議の基準にもなります。また、相続税の計算をする際の資料にもなります。そのため、プラスの財産もマイナスの財産もすべて把握しなければなりません（55ページ）。あとから財産が見つかったり負債が判明したりすると、これらの手続きに影響するからです。

遺産分割では、この財産のリストや評価を基に分割していきますが、相続税の計算方法は少し異なります。くわしくはパート3で説明しますが、相続税は、そこから控除できるものを差し引いたり、持ち戻しをしたり、特例を利用したりしながら計算されていくからです。

遺言書がどこにあるのか調べる

そもそも遺言書があるのかないのかをはっきりさせる

遺産の分割には、遺言書の有無が大きく関わってくるため、被相続人の死亡後、すぐに遺言書があるか確認しなければなりません。

遺言書がない場合は、相続人全員で遺産分割協議を行う必要がありますし、自筆証書遺言がある場合は、家庭裁判所で検認（88ページ）を行わなければなりません。公正証書遺言がある場合は、そのまま手続きを行うことができますが、まずは相続人全員に遺言内容を伝えなければなりません。

いずれにしても、相続手続きの流れが異なるため、遺言書があるのか、ないのかは、はっきりさせる必要があります。

遺言書がないと思って遺産分割協議を行った後に遺言書が見つかると、遺産分割のやり直しになり、大変だからです。

遺言書の有無と手続きまでの流れ

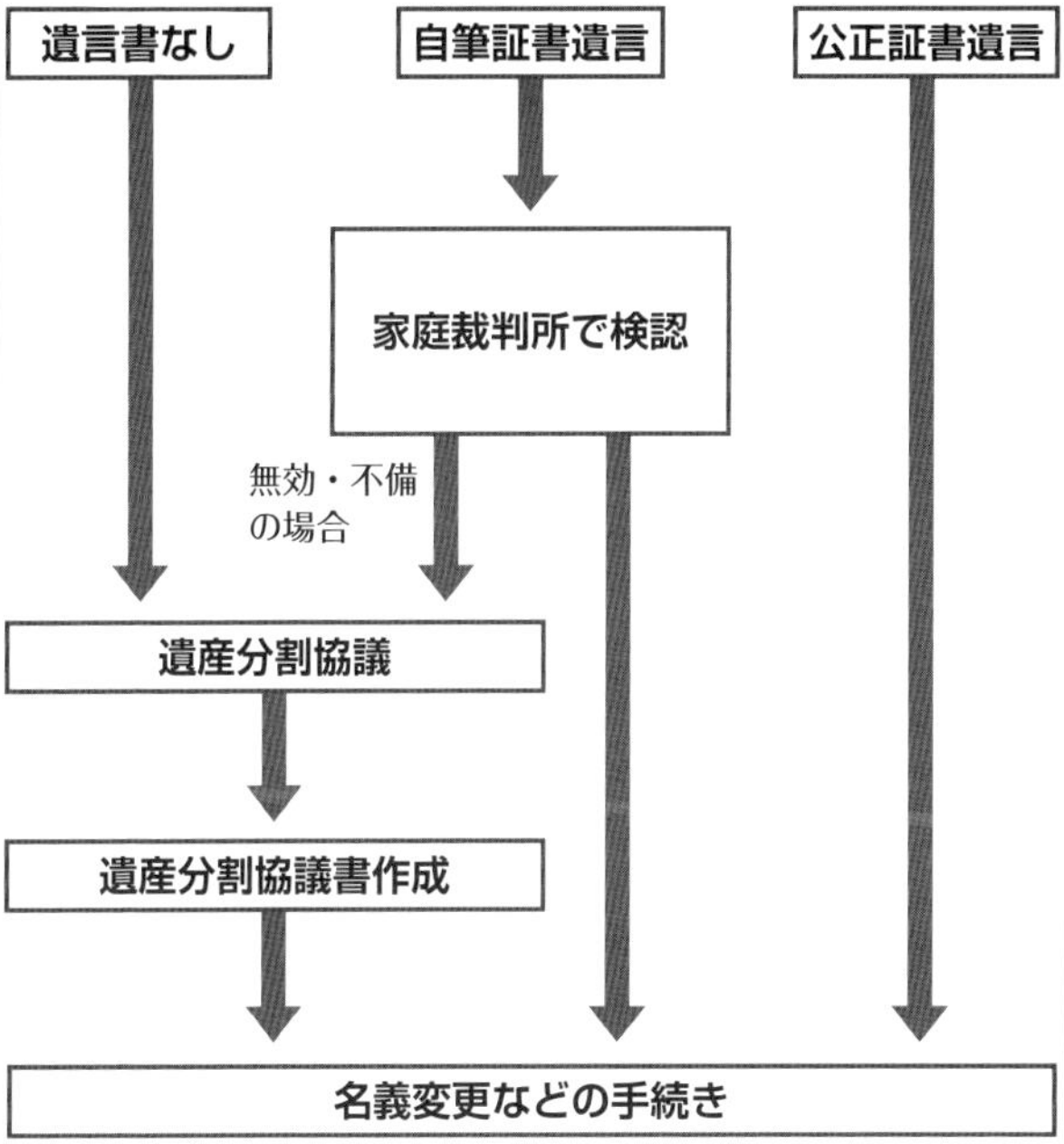

＜遺言者の死亡後＞

※公正証書遺言は、公正役場で遺言書の有無がわかり、コピーをもらうこともできます。

※自筆証書遺言は、民法改正後の「法務局における遺言書の保管等に関する法律」（49ページ）が施行されれば、どこの法務局からでも自筆証書遺言の有無がわかり、遺言書情報証明書（遺言書の写し）の請求ができます（法改正後も、法務局に遺言書を預けていない場合は、検認が必要）。

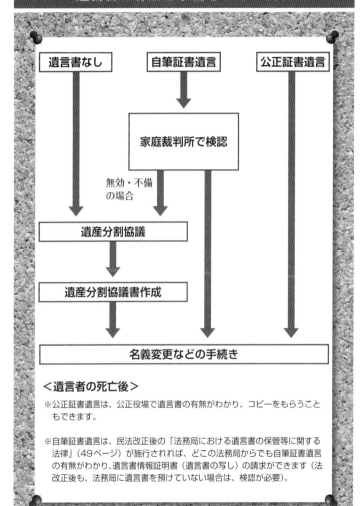

❖銀行などの貸金庫に預けてある場合は手続きが煩雑

被相続人が自宅内で遺言書を保管する場合としては、机の引き出し、タンス、仏壇、本棚、金庫などが考えられます。自宅外で遺言書を保管する場合、まず考えられるのは、銀行などの貸金庫です。パソコンやエンディングノートに「遺言書は○○銀行の貸金庫に保管してある」と記されているかもしれないので、調べてみましょう。

ただし、貸金庫での保管は相続発生後の開扉にあたり、①被相続人の除籍謄本、②被相続人の出生時から死亡時までの連続した戸籍謄本、③相続人全員の戸籍謄本および印鑑登録証明書などが必要です。また、原則として相続人全員が立ち会わなければならないため（同意した旨の書類で代用可能な場合あり）、手続きが煩雑で時間もかかります。

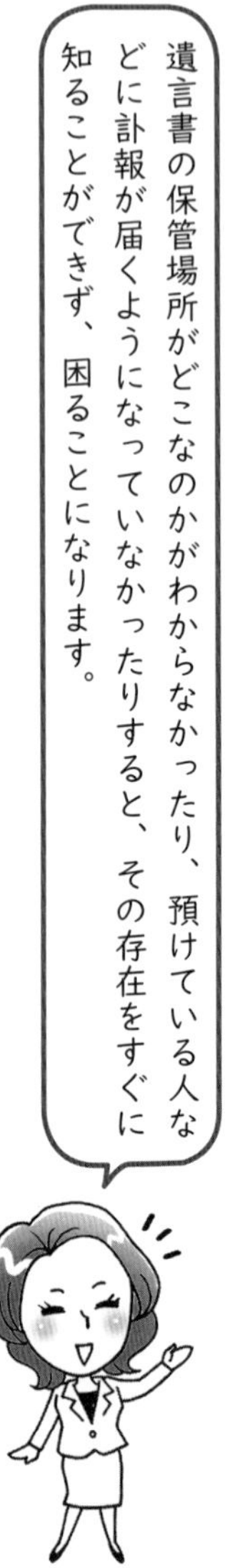
遺言書の保管場所がどこなのかがわからなかったり、預けている人などに訃報が届くようになっていなかったりすると、その存在をすぐに知ることができず、困ることになります。

自宅以外の保管所のメリット・デメリット

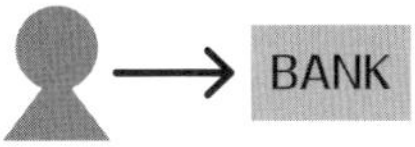

●金融機関の貸金庫

遺言者の死後、相続人全員で開扉の手続きが必要。保管されている自筆証書遺言を手にするまでが大変。
①被相続人の除籍謄本、②被相続人の出生時から死亡時までの連続した戸籍謄本、③相続人全員の戸籍謄本および印鑑登録証明書などが必要。

●親友（預けてある・保管場所を伝えてある）

友人が死亡していたら、遺言書の存在そのものが相続人に伝わらない。遠方に転居しており、連絡がとれない場合もある。

●遺言執行者（預けてある）

被相続人の死亡時に遺言執行者に速やかに知らせる連絡方法などを事前に整えておかなければ、相続が始まったときに遺言書が存在しないと思い進めてしまう。

自筆証書遺言は検認が必要

偽造・改ざんを防止するために行われる手続き

自筆証書遺言を見つけても開封してはいけません。被相続人の最後の住所地を管轄する家庭裁判所に「検認」の申立てをしなければならないからです。

検認とは、相続人に対し遺言の存在およびその内容を知らせるとともに、遺言書の偽造・変造を防止するための手続きです。申立てには、遺言者の出生時から死亡時までの連続した戸籍謄本や相続人全員の戸籍謄本などが必要です。

申立書を提出後、家庭裁判所から検認の日が通知され、その日に遺言書を持参して出席します。申立人以外の相続人の出席は任意です。そして、持参した遺言書を家庭裁判所が開封し、遺言書の状態などの確認後、「検認済証明書」が発行されます。

なお、自筆証書遺言を法務局で保管する新制度（49ページ）創設後、法務局で自筆証書遺言を保管してもらっている場合は、家庭裁判所での検認は不要になります。

❖遺言書の有効・無効を判断するものではない

検認が行われても、遺言書の方式に不備があれば無効となります。

また、封印してある遺言書は検認前に開けてはいけません。検認を受けずに勝手に開封した者は、５万円以下の過料に処せられる場合があります。ただし、事前に開封しても遺言書が無効になるわけではありません。

開封してしまうと無効になると勘違いしている人が多いため、勘違いして破棄しないよう、注意が必要です。

検認の申立てに必要な書類と注意事項

●検認の申立てに必要な書類

□ 検認申立書

□ 遺言者の出生時から死亡時までの全ての戸籍謄本

□ 相続人全員の戸籍謄本

※検認日当日に申立人は遺言書と印鑑を持参する。

●注意事項

□ 封印してある自筆証書遺言は、検認前に開封してはいけない。

□ 開封してしまうと、５万円以下の過料に処される場合がある。

□ 開封してしまったとしても、無効になるわけではない（方式不備で無効の場合はある）。

「相続しない」という選択肢

一切相続しない「相続放棄」と、一定の範囲内で相続する「限定承認」

相続人は、基本的には被相続人の財産の一切を受け継ぎます。そのため相続人は意図しない借金も引き継いで返済しなければならないケースが出てきます。

たとえば、被相続人に１０００万円の預貯金と２０００万円の借金があったとします。相続する人は借金も相続するため、１０００万円を返済しなければなりません。

マイナスの財産がプラスの財産より多いことがわかり、それを相続したくないときは、被相続人の権利や義務を放棄し、財産の一切を相続しない「相続放棄」を選ぶことができます。

それ以外の方法としては、「限定承認」を選ぶこともできます。プラス財産の範囲内で相続をするものです。一見、マイナス財産を相続しなくていいように思えますが、そのようなものではありません。

❖期限を過ぎたり使ってしまったら「相続放棄」できない

相続放棄で注意すべきは、申述（申立て）の期限を過ぎると、自動的に相続を承認（単純承認）したことになる点です。また、相続財産の一部または全部を処分した場合にも相続を承認したとみなされ、相続放棄ができなくなります。加えて、家庭裁判所がいったん相続放棄を認めたら、申述した人は原則取り消しができません。

相続放棄は被相続人の生前に行うことはできません。相続放棄を行う場合は、自己のために相続開始があったことを知ったときから3カ月以内に、被相続人の居住地を管轄する家庭裁判所へ相続放棄を申述します。手続きは単独でできます。

「自己のために相続の開始があったことを知ったとき」とは、通常は親が亡くなったときです。しかし、何も財産がなかった場合には、借金の請求を受けたときが知ったときになる場合もあります。

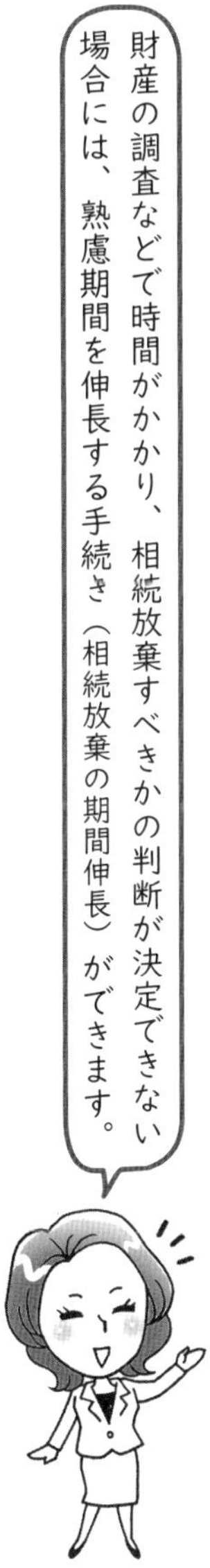
財産の調査などで時間がかかり、相続放棄すべきかの判断が決定できない場合には、熟慮期間を伸長する手続き（相続放棄の期間伸長）ができます。

❖「相続放棄」で親族が困ることも

相続放棄が認められたら、財産は相続放棄した人を除き、残る相続人で分けることになります。たとえば、相続人である配偶者と第一順位の子が相続放棄し、第二順位の親も相続放棄すると、第三順位であるきょうだいに相続が回っていきます。

その結果、被相続人のきょうだいが意図しない借金や農地・山林などを引き継がなくてはいけない可能性が生まれ、親族間でトラブルが発生しかねません。

相続放棄は自分の意思のみでできますが、このようにほかの身内にマイナス財産を相続させることになりうるため、その人たちにも必要に応じて相続放棄をするよう伝える配慮はしておきたいものです。

なお、プラスの財産しかない場合、自宅や預貯金は相続したいけれど農地や山林は放棄したいなど、相続人に都合のいい相続はできません。一部分の放棄はできないため、相続するなら、農地や山林なども誰かが相続しなければなりません。

ちなみに、相続放棄をしても、死亡保険金や死亡退職金は受け取ることができます。

❖「０円相続」の注意点

「相続放棄をした」といっても、家庭裁判所で相続放棄の申述をしたのか、単なる「０円相続（何も相続しない）」なのかによって、まったく異なります。

相続放棄の場合には権利も義務も放棄するため、財産も負債も受け継ぎません。はじめから相続人ではないという扱いとなり、遺産分割協議書へ署名するなど、相続人として行うことはほぼありませんし、後日負債が見つかっても返済義務はありません。

しかし、０円相続の場合は相続人のままですから、遺産分割協議に署名したりしなければなりません。後日負債が見つかった場合は、返済義務が生じる場合もあります。

まして、遺産をもらわないことは決まっていても、相続税の納付をしなければならないケースもあります。ほかのきょうだいで遺産分割が決まらない場合、いったん相続人全員が法定相続分で分割したとして計算されるため、その税額を納付しなければならないからです。その後、遺産分割協議が決まったら、多く支払った分が返ってきますが、まさか現金が必要になると思わなかったという事態もありえます。

❖プラスの財産の範囲内でマイナスの財産を返済する「限定承認」

マイナスの財産がプラスの財産より多いのかわからない場合や、マイナス財産があるけれど相続したいプラスの財産がある場合は、相続で得るプラスの財産の範囲内でマイナスの財産を返済する「限定承認」という方法を選ぶことができます。

この場合、プラスの財産を超えるマイナスの財産は弁済する必要はありません。また、マイナスの財産を精算した後、財産が残れば、その分を相続できます。

限定承認を選ぶ場合は、自己のために相続開始があったことを知ったときから3カ月以内に、「相続人全員が共同で」家庭裁判所へ申述（申立て）しなければなりません。申述期限を過ぎてしまったり、相続財産の一部または全部を処分したりしてしまった場合には、単純承認とみなされ、プラスの財産もマイナスの財産も相続人全員が共同して、あるいは特定の人がすべてを受け継ぐことになります。

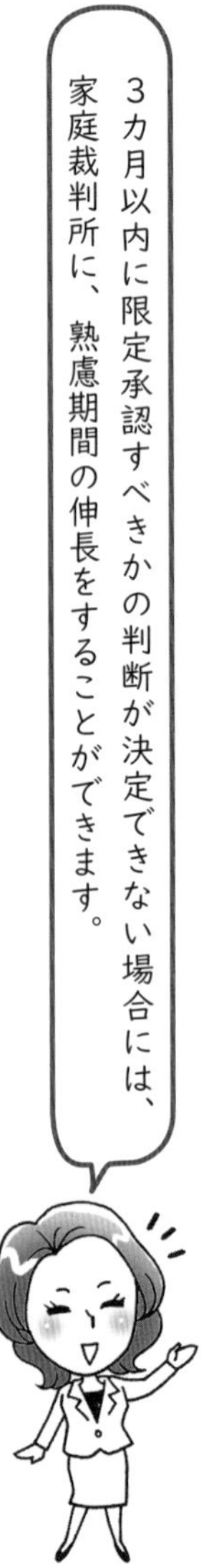
3カ月以内に限定承認すべきかの判断が決定できない場合には、家庭裁判所に、熟慮期間の伸長をすることができます。

相続放棄と限定承認

相続放棄

マイナスの財産しかない場合は有効

限定承認

相続財産がプラスかマイナスかわからない場合は有効

●プラスの財産が多かった場合

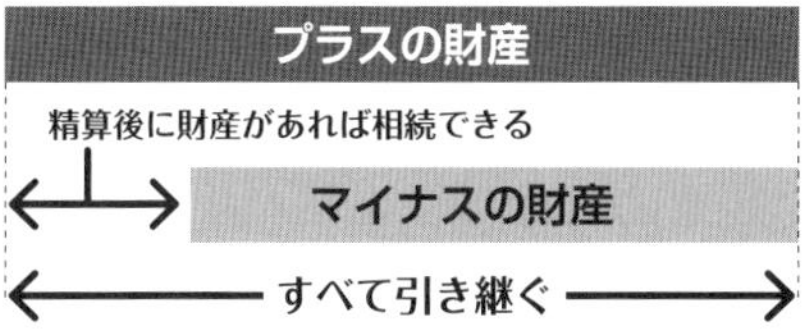

●マイナスの財産が多かった場合

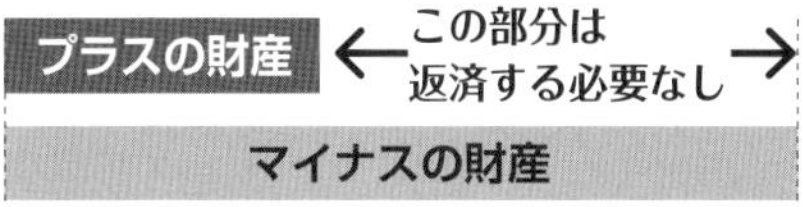

遺言書に相続人以外への「遺贈」がある場合

遺贈には2種類あり、放棄は可能だが、手続きは異なる

遺言書によって遺産の全部または一部を特定の者に贈与することを「遺贈」といいます。遺贈する者を「遺贈者」、遺贈を受ける者を「受遺者」と呼びます。

相続は遺言の有無にかかわらず被相続人の遺産が相続人に引き継がれますが、遺贈は法定相続人に加え、相続人以外の個人・法人でも遺産を受け取ることができます。

遺贈には、「遺産の2分の1をAに遺贈する」など全体に対する一定の割合を引き継ぐ「包括遺贈」と、「○○○の土地をBに遺贈する」「預貯金の3分の1をBに遺贈する」など特定の遺産を具体的に指定して引き継ぐ「特定遺贈」の2種類があります。

包括遺贈の場合、受遺者は法的に相続人と同じ権利と義務を持つことになります。そのため遺産分割協議にも参加します。もし被相続人に借金などマイナスの財産があれば、遺贈された割合に従った債務も同時に引き受けなければなりません。

包括遺贈と特定遺贈の例

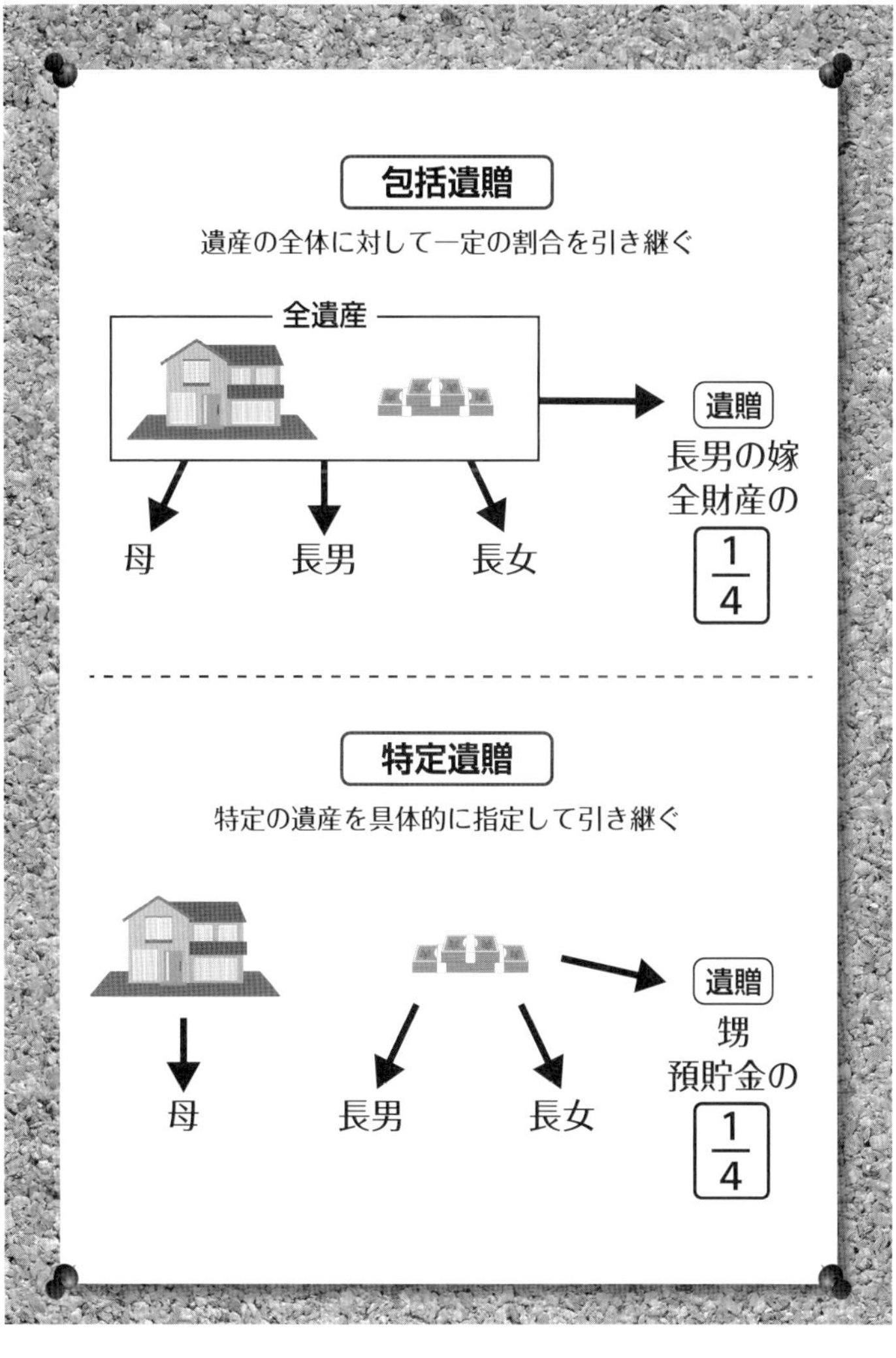

❖包括遺贈と特定遺贈は放棄の手続きが異なる

遺言書で遺贈するとされていても、受遺者は遺贈を放棄することができます。ただし、包括遺贈なのか、特定遺贈なのかによって、放棄のしかたが異なります。

受遺者はそもそも相続人ではありません。場合によっては相続人からの心ない言葉で嫌な思いをするケースもあります。まして包括遺贈の場合、相続人と一緒に遺産分割協議を行い遺贈割合に対する遺産を決めなければなりません。負債があればそれも負いますから、関わり合いたくなかったり、そもそも遺産をもらうつもりがなかったりするのなら、その遺産を放棄することもできます。

ところが包括遺贈の場合には、単に放棄する意思表示をするだけでは放棄できません。自己のために包括遺贈があったことを知ったときから3カ月以内に家庭裁判所に放棄の申述（申立て）をしなければならないからです。

一方、特定遺贈はほかの相続人と遺産分割協議を行う必要も、負債を引き受けることもありませんから、放棄をする意思表示で足ります。

❖特定遺贈の放棄をする場合は意思表示を明確にする

特定遺贈を受けた人が、その放棄をする場合は、家庭裁判所に放棄を申し出る必要はなく、相続人に対して遺贈を放棄することを伝えれば終了します。しかし、1人の相続人に口頭で伝えるなどの場合には、ほかの相続人に対してその意思が明確に伝わりませんから、放棄することを記した書面を送るなどはしておきたいものです。特定遺贈は、期限について法律の定めがないので、いつでも承認または放棄の意思表示ができます。ただ、いつまでもはっきりした意思表示がされなければ、相続人は困ってしまいます。

そこで、遺言執行者や相続人は特定受遺者に対して、その遺贈を相続するのか放棄するのかの意思表示を求めることができます。受遺者が決められた期間内に回答しない場合は、遺贈を承認したものとみなされます。

特定受遺者から放棄の意思表示があった場合は、放棄された遺贈の分に対する遺産分割協議を行い、相続人全員の話し合いによって決めることになります。

相続人が相続できなくなるケース

相続欠格と相続廃除

両親のどちらかが亡くなったあと、残った親と不仲になって、「親子の縁を切りたい」と切り出されたとしても、亡くなった親が所有する預金や土地などの財産を相続する権利は失いません。親といくら仲が悪くても、10年以上連絡を取っていなくても、親が亡くなったら子が相続人になります。

ただし、相続人が相続できなくなるケースが2つあります。

1つめは、左の図にあるように相続人が相続権を失ってしまう「相続欠格」に該当するときです。

2つめは、「相続人の廃除（相続廃除）」です。たとえば父が子から虐待を受けたり、重大な侮辱を受けたりしたとき、父が生前に家庭裁判所に対して申立てを行うか、あるいは遺言書で相続人の相続権を奪うことをいいます。

法律上の相続人が相続できなくなるケース

●相続欠格

特定の相続人につき民法に規定される不正な事由（相続欠格事由）が認められる場合に、その者の相続権を失わせる。

相続欠格事由例……被相続人やほかの相続人を殺害もしくは殺害しようとして刑に処せられた者、遺言書の破棄や隠匿・偽造を行った者、詐欺や強迫によって被相続人に相続に関する遺言をさせたり、撤回させたりした者

●相続人の廃除（相続廃除）

被相続人に対して、①虐待をした、②重大な侮辱を加えた、③その他の著しい非行（被相続人の財産を浪費、多額の借金を返済させたなど）があった場合には、被相続人の請求に基づいて家庭裁判所が相続権を奪うことができる。

※なお、相続欠格や相続廃除で子が欠格・廃除になったとしても、孫が代襲相続人として相続することができる。

❖「相続させない」という遺言書がある場合

遺言書で廃除の意思表示を行った場合には、遺言執行者が被相続人の死亡後、遅滞なく、家庭裁判所に申立てを行う必要があります。

ただし実の親子の場合、子の言動が廃除事由に該当するためには、「家族間の共同生活を破壊する程度である」ことが必要となります。

夫婦や養親子の場合にも、それらの人の言動が「婚姻・縁組を継続しがたい重大な事由」と同程度であることが必要となります。

海外在住や外国籍の人が相続人となる場合

相続人が海外で暮らしていても相続の手続きが必要

相続人のなかに外国籍の人がいる場合も、日本国籍の相続人と同じ相続人としての権利や義務が発生します。相続に関しては、被相続人の国籍の法律が適用されることになっているからです。したがって外国籍の相続人も日本国内で相続登記ができ、相続税の申告もできます。

問題になるのは、日本における公的な身分証明の書類です。戸籍制度のある国はごくわずかです。そのうえ、住民票も印鑑登録証明書もありません。このようなときには、外国が発行した身分証やサイン証明書で代用できます。金融機関の身分証明であれば、多くの場合、有効期限の切れていないパスポートでも可能です。もともと日本国籍があり、結婚や移住で外国籍を取得した場合、日本で除籍謄本を取得していれば、それを身分証にすることもできます。必要書類を確認したうえで取得しましょう。

相続税の対象に該当するケース

①財産を取得したときに日本国籍を有している人の場合

- 被相続人の死亡した日の前10年以内に日本国内に住所を有したことがある人
- 同期間内に日本に住所を有したことがない人で、被相続人が同期間内に日本国内に住所を有していた人

②財産を取得したときに日本国籍を有していない人で、被相続人が同期間内に日本国内に住所を有していた人

❖相続税はどうなるか

相続税は、相続や遺贈で財産を取得した人で、取得したときに日本国内に住所を有している人にかかります。

相続財産を取得したときに、外国に居住していて日本に住所を有しない人は、取得した財産のうち、日本国内にある財産だけが相続税の課税対象になります。

ただし、上の図のいずれかに該当する人が財産を取得した場合には、日本国外にある財産についても、相続税の対象になります。

遺産の分割方法を決める

分割しにくい土地や家を分けるのは難しい

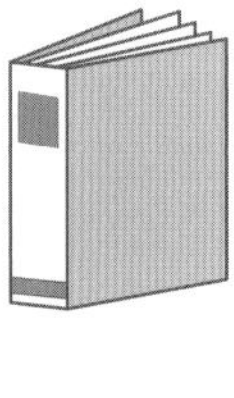

遺産は分けやすいものばかりではありません。自宅の土地や建物、農地、山林などの不動産は共有名義にしてしまうと、のちの売却や次の相続でもめてしまう可能性があるため、複数人で持ち合う（共有する）のは好ましくありません。

とはいえ、預貯金が多くあればよいのですが、遺産のほとんどが不動産の場合、分けるのは難しいものです。同じくらいの額で分けにくいうえ、「欲しい」「いらない」などの要望も加わるからです。

相続は、今までの感情も出てきがちのため、見た目の金額を均等（＝平等）にするのではなく、相続人が行ってきたことを総合的にみた額（＝公平）で考えていかなければなりません。また、相続税がかかる場合には、分け方によってその税額が変わります。それらを考慮しながら分けるのは簡単ではありません。

❖土地や有価証券は現金化して分割してもよい

遺産の分割で一般的なのは、「自宅の土地、建物は配偶者」「有価証券は長男」「預貯金は配偶者が3分の2、二男が3分の1」など、財産ごとに分配を決める方法です。遺産を現物で分けることから「現物分割」といいます。

この方法のメリットは、わかりやすいことと、財産の現物をそのまま残せることです。デメリットは、それぞれ取得するものの価値が違うことから、相続人の間に不公平感が残ること。その場合は、あとで説明する「代償分割」を行う方法もあります。

現物分割が難しい土地や建物、有価証券などが遺産の多くを占める場合、それらを売却して、いったん現金化し、相続人たちで分ける「換価分割」という方法もあります。このメリットは、公平な分割が可能であることと、現物分割の補てんに使えることです。デメリットは、財産の現物が残らないこと、売却の手間と費用がかかること、譲渡益に所得税と住民税がかかる可能性があることです。不動産は、そもそも売却ができない場合がありますので、そのときは換価分割が難しくなります。

❖ほかの相続人に相続分の差額を現金で支払う方法も

自宅や農地、自社株のように、分割して相続することが適当ではない場合、財産の現物を1人、または数人が取得し、ほかの相続人との相続分の差額を現金で支払う「代償分割」という方法もあります。

財産の多くが事業用資産や農地などのケースで、後継者に被相続人の事業を相続させたい場合に有効です。この方法のデメリットは、ほかの相続人の相続分を代償として支払うため、ある程度の財産が必要なことです。

代償として渡す財産は現金がほとんどですが、相続人の間で合意すれば、現金以外のものや権利でも可能です。ただし、土地や株式のような譲渡所得が生じる財産の場合は、時価で売却したものとみなされ、利益が出た場合には所得税や住民税がかかります。取得側が不動産を取得した場合には、不動産取得税や登録免許税がかかります。

代償分割を行う場合には、遺産分割協議書にその旨を明記する必要があります。なお、代償分割は分割で支払うこともできます。

遺産分割の方法の例

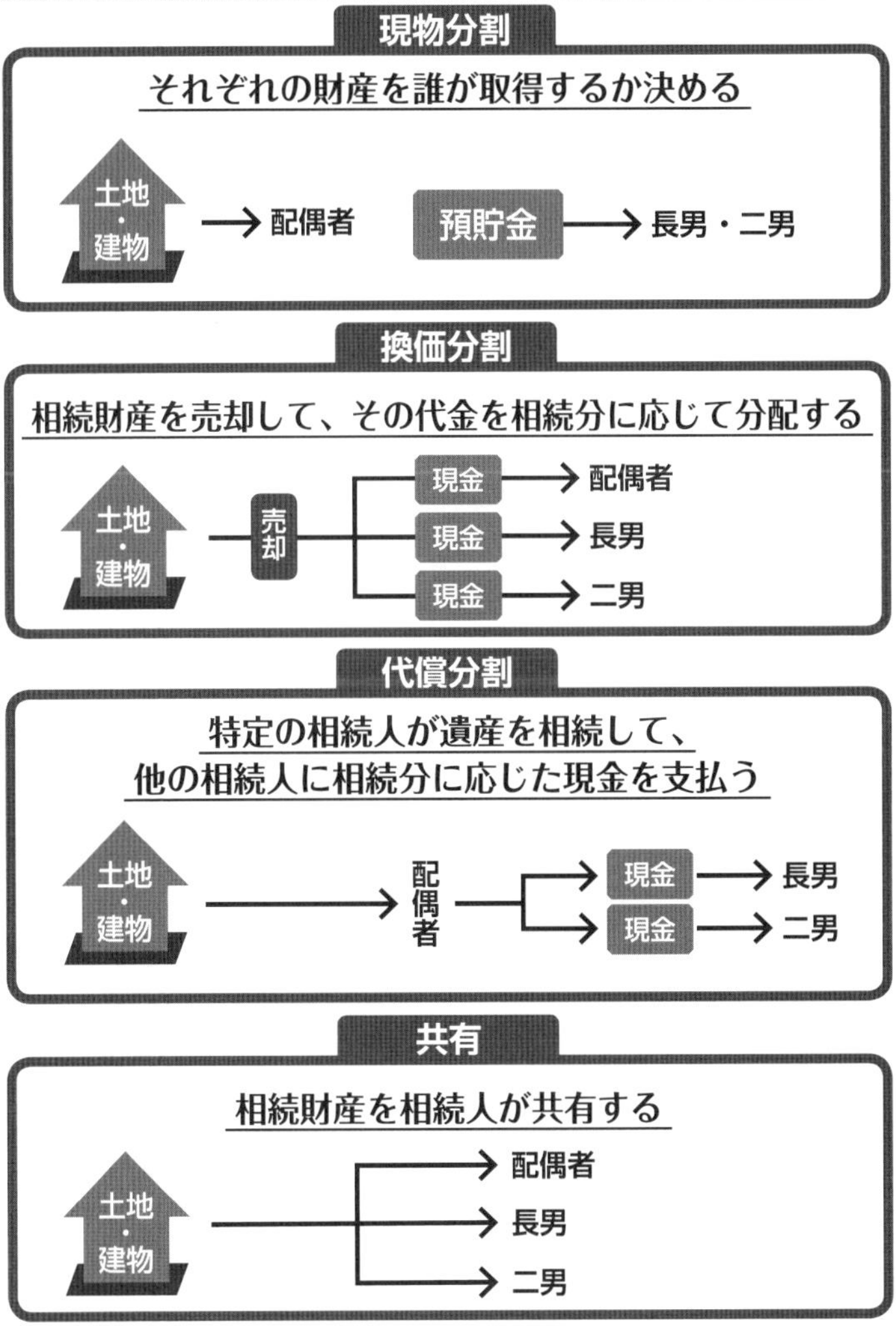
現物分割
それぞれの財産を誰が取得するか決める
土地・建物
配偶者
預貯金
長男・二男
換価分割
相続財産を売却して、その代金を相続分に応じて分配する
土地・建物
売却
現金
配偶者
現金
長男
現金
二男
代償分割
特定の相続人が遺産を相続して、
他の相続人に相続分に応じた現金を支払う
土地・建物
配偶者
現金
長男
現金
二男
共有
相続財産を相続人が共有する
土地・建物
配偶者
長男
二男

相続で不公平をなくす寄与分と特別受益

相続人どうしに不満が出ないようにする制度

親の住宅の費用を負担したり、仕事を辞めて親の介護に尽くしたりした場合、貢献しなかった人と同じ割合で分割するのは、貢献した人の不満につながります。

こうした不公平感を解消するため、被相続人の財産の増加や維持に特別に貢献した相続人には、法定相続分以上の遺産を相続できる「寄与分」が認められています。額の明確な基準はなく、相続人どうしの話し合いで決めます。

かりに親の遺産が1000万円で長女の寄与相当額が200万円だとしたら、親の遺産から寄与分を差し引いた800万円を相続人で分割。そして、長女は相続分+寄与分をもらいます。

ただし、寄与分は、「親と同居し、親の面倒をみていた」と主張しても、認められないケースが多くあります。理由は、扶養の範囲だからです。

❖相続人以外の貢献を考慮する「特別寄与者」

寄与分が認められるのは、現行制度では相続人に限られています。たとえば、長男の嫁がいくら献身的に長男の父（義父）を介護しても、相続人ではないため寄与分は認められず、財産をもらうことはできません。

しかし、改正民法（２０１９年7月以内に施行）により、相続人以外の親族が介護などをした場合、遺産の相続人に金銭（特別寄与料）を請求できる制度が新設されます。

先の例でいえば、義父が亡くなった際、介護をしてきた特別寄与者（長男の嫁）は、相続人（夫の母、夫のきょうだいなど）に対し、寄与に応じた金額を請求できるようになるのです。相続人が複数いる場合は、相続分に応じて相続人が負担します。支払額は当事者間の協議で決めます。

実際には請求できるかわかりませんが、制度として請求できる権利が与えられました。嫁の立場として円満に解決するには周囲の理解が必要ではありますが、介護に対して金額という形で報われる可能性は広がったわけです。

❖親の生前に援助を受けていた人は遺産から「特別受益」分を差し引ける

親の生前に学費や結婚資金、家の購入費などの援助を受けていた場合、援助を受けていなかった相続人が不満を持つ可能性があります。それを平等にするための制度が「特別受益」です。

たとえば、長女に特別受益200万円、姉妹2人が相続人で遺産が1000万円、法定相続分で分けるとしたら、特別受益分を遺産に含めた1200万円を2分の1で分け、600万円が二女、長女は200万円を差し引いた400万円となります。

特別受益に該当するもの

- □ 婚姻費用
- □ 留学費用
- □ 不動産や動産の贈与
- □ 現金や有価証券などの贈与

注意点

・話し合いの中で、特別受益分を差し引くのか否か決めることができるため、必ず差し引かなければならないものではない。

・何年前まで含めるのか期限が定められていない。

ケースでわかる相続②

連れ子と遺言書の代襲相続

父の遺産を相続できると思ったら、できなかった！　もらえると勘違いしやすい2ケース「再婚相手の子どもの相続」と「遺言書の代襲相続」――

私が小学生のときに母が再婚しました。お互い子連れ再婚でした。今回父が亡くなり、遺産を分けるときに、私だけ遺産がもらえないことが発覚。相続人ではなかったのです。

知り合いの行政書士に聞いたところ、「母が再婚したときに、父と私の養子縁組がされていなかったから。養子縁組をするか、遺言書で遺贈すると書いてもらわなければ、遺産はもらえない」とのこと。母が父と結婚すれば、当然その子も相続権を持つと思っていましたが、そうではなかったのです。

その数日後、父の遺言書が見つかり、全財産を母に相続させると書かれていました。しかし、母は父より前に亡くなっているのです。

これも、「遺言書で遺産を相続する母が遺言者より先に亡くなっている場合には、母の相続人が代襲相続できるわけではなく、父の相続人が遺産分割する」とのこと。どちらにしても、私は父の遺産をもらえませんでした。

子連れ再婚の場合は、養子縁組されているか、されていない場合は遺言書の遺贈があるかによって、遺産がもらえるのかが決まります。

相続で家に住めなくなることを回避する

配偶者の居住権を保護するための方策が新設

遺産分割協議で、配偶者が住んでいる自宅を、配偶者以外の相続人が相続することになった場合や遺言書によって自宅が別の人に相続される場合には、配偶者が自宅を退去せざるを得ないケースが生じます。

また、遺産のほとんどが自宅の場合、その自宅を相続すると、預貯金が相続できないケースもあります。そこで、残された配偶者が住居や生活費を確保しやすくするための、民法改正案が２０１８年７月に成立し、２０２０年７月までに実施されることが決まりました。

改正の柱として新設されるのが、自宅が別の所有者になった際に、一定期間明け渡しをしなくてもよい「配偶者短期居住権」と、配偶者が自宅に無償で住み続けることができる権利を取得できる「配偶者居住権」です。

❖配偶者は、自宅を一定期間明け渡さなくてよい

たとえば自宅を所有している人（夫）が亡くなり、遺産分割によって同居していた配偶者（妻）以外の人（子や被相続人のきょうだいなど）が、その自宅を相続することになった場合、配偶者はその家を出ていかなければならないかもしれません。新しい所有者が、自宅を明け渡すよう要求してくる可能性があるからです。

しかし改正後は、遺産分割するまでの暫定的な権利として、新しい所有者から自宅の明け渡しを要求されても、「相続開始の日から最低6カ月＋遺産分割の成立まで」、自宅を無償で使用する権利（配偶者短期居住権）を有することができ、この間は明け渡さなくてよいこととなります。

また、遺言書で自宅を配偶者以外の人に相続させるとなっている場合は、「明け渡しを受けた日から6カ月間」は、自宅の明け渡しをしなくていいようになりました。

つまり、明け渡しを受けるまではずっと住み続けることができ、明け渡しを受けたあとも、6カ月間は自宅の明け渡しをしなくてよいということです。

❖配偶者は「居住権」の取得ができる

配偶者居住権は、配偶者が相続開始時に被相続人所有の建物に住んでいた場合、終身（配偶者が亡くなるまで）または一定期間（遺産分割や遺言書などで別段の定めがある場合）無償で住み続けられる権利です。改正民法施行後は、配偶者はこの権利を遺産分割の選択肢のひとつとして取得できるようになります。改正のポイントは、自宅の権利を「所有権」と「居住権」に分け、配偶者が選べるようになったことです。

たとえば、遺産が自宅評価額2000万円、預貯金3000万円の合計5000万円とします。配偶者と子で相続する場合、法定相続分で分けたとしたら、配偶者の相続分は2分の1の2500万円。このとき、自宅の「所有権」を相続（つまり、普通に自宅を相続）すると、自宅2000万円＋預貯金500万円になります。

しかし、「居住権」を選べば預貯金を多くもらうこともできます（左ページ図）。この居住権の評価額は、平均余命などをもとに算出されるため、低額となるからです。

増改築や第三者へ使用させる場合などは、所有者である子の承諾を得なければできませんが、登記すれば自宅を売却されたとしても、自宅にそのまま住むことができます。

　ただし、子は所有権を有しても、売却するのは難しくなり、有効活用は望めません。

　また、居住権を有する配偶者が認知症になったとしても、売却して資金を作るのは困難という問題点もあります。選択する際には、よく考えて決めることが大切です。

　なお、配偶者が亡くなると居住権が消滅し、この配偶者の相続人は居住建物の返還義務を相続します。

配偶者居住権の例

死亡した夫の財産が自宅評価額2,000万円＋預貯金額3,000万円＝5,000万円で妻と子１人が法定相続分で遺産分割する場合

現行

妻		子	
自宅の所有権	2000万円	――	
預貯金	500万円	預貯金	2500万円
計	2500万円	計	2500万円

預貯金が少なく、生活資金に不安

↓

民法改正後

妻		子	
自宅の居住権	1000万円	自宅の所有権	1000万円
預貯金	1500万円	預貯金	1500万円
計	2500万円	計	2500万円

評価額が下がる（1000万円と仮定）

所有権と居住権の差額分、預貯金を増やすことが可能

遺産分割協議と遺産分割協議書の作成

話し合いで決めるなら相続人全員の合意が必要

遺言書がない場合や、自筆証書遺言の内容が無効である場合には、「遺産分割協議」によって、相続財産を誰にどのように分けるのかを具体的に決めていきます。
遺産をすべて記載した財産目録をつくり、法定相続分（78ページ）も参考にしながら、必要に応じて特別受益や寄与分（108ページ）などを考慮して進めていきます。
注意点は、遺産分割協議は相続人全員で行う必要があり、ひとりでも反対する人がいれば成り立たないことです。顔を合わせて話し合いをしなくても大丈夫ですが、全員で分割方法を決めなければなりません。相続人に未成年者や行方不明者、認知症などで判断能力が低下した人がいるからといって、除外してはいけません。そのような遺産分割は無効になるので、代理人（118ページ）を立てる必要があります。

遺産分割協議書の見本

遺産分割協議書

書き方に決まりはなく
パソコン作成もできる

被相続人　甲　野　太　郎
最後の住所　○○県○○市○○町○丁目○番地
本　　籍　○○県○○市○○町○丁目○番
生年月日　昭和○○年○月○日
死亡年月日　平成３０年１０月１日

上記の者が死亡したことにより、その相続人は被相続人の遺産について協議を行った結果、次の通り分割することに合意した。

１．相続人甲野花子は次の遺産を取得する。

【土地】
所　　在　○○県○○市○○町○丁目
地　　番　○番
地　　目　宅地
地　　積　200.00㎡

【建物】
所　　在　○○県○○市○○町○丁目
家屋番号　○番○
種　　類　居宅
構　　造　木造瓦葺２階建
床 面 積　１階　50.11㎡、２階　50.00㎡

不動産登記事項証明
書（登記簿謄本）の
とおりに記載する

２．相続人甲野一郎は次の遺産を取得する。

【株式】　○○株式会社　普通株式　100株

特定できるように
記載する

３．相続人甲野一郎及び乙山明美は次の遺産を２分の１ずつ取得する。

【預貯金】　○○銀行○支店　普通預金　口座番号00000000
　　　　　○○銀行○支店　定期預金　口座番号00000000

４．本協議書に記載のない遺産及び後日判明した遺産については、相続人甲野花子がこれを取得する。

以上のとおり、相続人全員による遺産分割協議が成立したので、これを証明するため、本協議書を３通作成し、署名押印のうえ、各自１通ずつ所持する。

相続人全員の署名と押印が必
要。相続人数分作成し１通ずつ
保管。印鑑登録証明書を添付

平成○○年○○月○○日
相続人　○○県○○市○○町○丁目○番地　甲野花子㊞
相続人　○○県○○郡○○町○番地　甲野一郎㊞
相続人　○○県○○市○○町○丁目○番○号　乙山明美㊞

実印

❖遺産分割協議ができない相続人の代理人を選んでもらう

たとえば、母と未成年の子が相続人の場合、親権者である母とその子は利益が相反する関係になります。母が子を代理すると、子が不利になる可能性があるからです。そのため、母は子を代理して遺産分割協議を行うことができません。

そこで、家庭裁判所に「特別代理人」の選任を申立て、選任された特別代理人（専門家）が子を代理して遺産分割協議をすることになります。

相続人が行方不明の場合には、その人を探さなければなりません。見つからない場合には、家庭裁判所へ「不在者財産管理人」の選任を申立て、選任された不在者財産管理人（専門家）が遺産分割協議をすることになります。この場合、その行方不明者が見つかるまで、不在者財産管理人が、行方不明者の財産管理をすることになります。

もし生死が不明な場合には、失踪宣言を申立て、法律上死亡したものとすることも視野に入れます。警察に行方不明の捜索願を出してから7年、生死が不明な場合、もしくは水難事故などに遭い、そこから1年経過したのちに申立てができます。

認知症や知的障がい、精神障がいなどで合理的な判断ができない場合は、本人が遺産分割を行うことができません。その場合には、家庭裁判所に成年後見人（34ページ）の申立てをします。

たとえば、父が死亡したときに母が認知症だった場合、日常生活において後見人などが必要になりますから、いないときには後見人などの申立てを行わなければなりません。かりに、長女が後見人に選任された場合には、長女が母の面倒をみることになります。しかし、遺産分割協議だけは長女はできません。認知症の母も長女も相続人のため、利益相反の関係になるからです。その場合には、家庭裁判所に「特別代理人」の選任を申立て、特別代理人が母を代理して遺産分割協議をすることになります。

後見人が長女ではなく専門家だった場合は、この専門家が母の後見人も遺産分割協議も行いますので、家庭裁判所に申立て特別代理人を選んでもらう必要はありません。

どのケースにしても、専門家が絡むことで分けたいように分けられず、費用が発生します。代理人などを選任してもらう時間もかかるため、スムーズに進みません。

❖遺言書が無効な場合、異なる分け方をする場合

遺言書があっても、別の分け方ができる場合があります。それは、遺言書が無効な場合と、遺言書とは異なる分け方をする合意があった場合です。

遺言書が無効な場合には、相続人で話し合って決めていきます。

一方、本来はそのまま遺言どおりに分けなければならないものを、あえて遺言書とは違う分け方ができる場合があります。その前提として、遺言執行者の同意を得ることと、相続人や遺言書に書かれている遺贈先、寄付先、認知する子などの合意があることです。

遺言書とは異なる分け方をする場合には、遺言内容に相続人以外の人がいると、分け方の了承が得られないなど、意見がまとまらず難しくなりがちです。

本来は、遺言者の意思が尊重されるべきですから、無効ではない限り、遺言書どおりに執行されるべきです。とはいえ、そのとおりに遺産分割をすることで、相続人の立場が悪くなるのであれば、検討は必要かもしれません。

ケースでわかる相続③

遺産分割協議のやり直し

話し合って協議をまとめても、不満がある、あるいは諸事情から分割のしかたを変更したいということはありえます。遺産分割協議をやり直すことはできるのでしょうか――

遺言書を残さず亡くなった父の遺産について、母と私、姉の３人の相続人で話し合い、分割協議書に署名押印を済ませました。しかし数日後、姉が「協議をやり直したい」と言い出しました。

姉は、父の遺産のうち土地を相続することに決まったのですが、登記などの手続きが面倒だということがわかり、私が相続する銀行預金と変えてほしいと主張しています。

母も「そうしてあげたら？」と言っていますし、銀行預金より土地のほうが評価が高いこともあって、私も不満はありません。

司法書士に相談したら、「相続人全員の合意があれば、遺産分割協議のやり直しは可能」と言われました。ただし、税務上の問題があるため、やり直しは要注意。「相続登記後の変更だったら、きょうだい間での贈与になり、贈与税がかかっていた」とのことです。

遺産分割協議をやり直すと、時間と手間のほか、税金がかかる場合があります。

遺産分割協議が不成立なら調停に

まとまらない場合には調停や弁護士を介しての話し合いで

遺産分割協議で相続人どうしがもめてしまい、話がまとまらない場合は、相手の住所地の家庭裁判所もしくは当事者が合意で定める家庭裁判所に「遺産分割調停」を申立てることができます。申立ては、相続人1人でも複数人でも行えます。

調停は、裁判官1人と調停委員2人によって行われます。裁判官と調停員のアドバイスを受けながら何度か調停を行うことにより、相続人が合意すれば調停は成立。調停調書を作成し、それにしたがって遺産分割を行います。

実際には、先に弁護士に相談するケースがほとんどです。弁護士には、調停を依頼することもできますし、代理人として相続人と話し合いをしてもらうこともできます。費用を支払ってでも依頼するメリットがある場合はおすすめです。もめている・もめそうなときは、弁護士を介したほうが、有利に解決する可能性が高いからです。

裁判所による解決

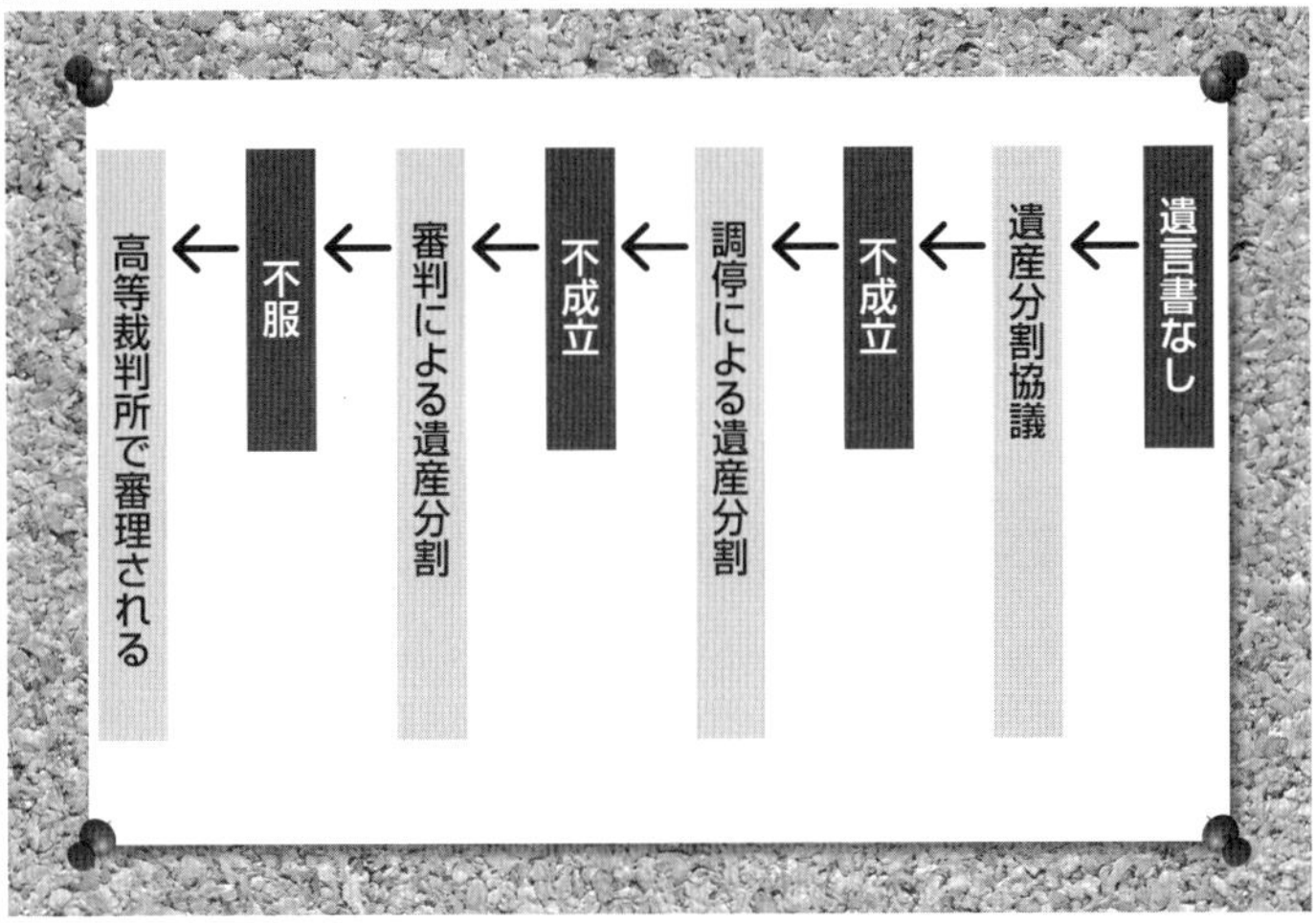
遺言書なし
遺産分割協議
不成立
調停による遺産分割
不成立
審判による遺産分割
不服
高等裁判所で審理される

❖調停が不成立なら審判

調停でも合意が得られない場合は、審判で結論を出すことになります。

審判とは、家庭裁判所の裁判官が、財産の種類や各相続人の年齢や職業、生活の状況などさまざまな事情を考慮して分割方法を決めることです。

申立人が納得する結果になるとは限りませんが、審判には法的強制力があるので、その内容にしたがって遺産を分割することになります。

内容に不服があるなら、２週間以内に申立てて高等裁判所で争います。

ケースでわかる相続④

「ハンコ押して」で相続放棄？

疎遠になっている親族が亡くなったとき、誰かに任せてしまうと、いつの間にかもらえるはずのものがもらえなくなることも。遺産は取り戻せないのでしょうか――

身寄りのない叔母が亡くなり、葬儀の手伝いをしているときに、叔父に「相続関係の手続きはやっておく」と言われ、「任せます」と答えました。

数日後、「この書類に実印を押して印鑑登録証明書と一緒に送り返して。ハンコ代で5万円払う」と書かれた手紙が届き、お金がもらえることを喜んだ私は書類をよく確認せず、言われるがまま返送しました。

後日、従兄弟から連絡があり、じつは亡くなった叔母はかなりの財産を所有していたことがわかりました。どうやら叔父は、相続人全員に同じように声をかけ、叔父が遺産をすべて取得し、その代償としてハンコ代を払うという手続きを進めていたようです。

自分が代襲相続人であることに気づいたときにはすでに遅し……。弁護士に相談しましたが、「難しい」と言われてしまいました。

相続に関係する書類は確認が必要です。よくわからない場合は、専門家に相談しましょう。

【パート3】

相続手続きと相続税の申告

難しい手続きは専門家に依頼

案件によって頼む専門家は異なる

相続手続きは、すべて相続人自身で行うことができます。しかし、何をするにもはじめてのことばかりで、何をどのように進めてよいのかわからないものです。必要な書類を調べ、その書類を取得し、申請書などに記入して手続きを行うのは、そう簡単ではありません。迷いながら行っていくとなると、時間的にも精神的にも負担になってしまうことがあります。そのようなときには、専門家に任せるのも手です。

ただし、専門家ごとに専門分野がありますし、その専門家しか行えない業務がありますので、誰にでも頼めるわけではありません。たとえば、準確定申告や相続税申告などの業務は税理士の業務です。税理士以外の専門家に依頼しても、その専門家が行うことはできません。なお、弁護士は訴訟以外でも行える業務はありますが、ここでは弁護士以外で専門的な業としている専門家を主に紹介します。

❖不動産の名義変更は司法書士へ

遺言執行や遺産分割で相続する財産が確定したら、早めに行いたいのが不動産の名義変更です。不動産の名義変更（所有権移転登記）を行うには、登記に必要な書類を集め、登記申請書を作成したうえで法務局へ申請します。

この手続きは、相続や遺贈で不動産を取得する人が行いますが、必要書類をそろえたり、法務局に足を運んだりするとなると、負担になる人もいます。まして、複数の不動産がある場合には手続きが煩雑になり大変です。この場合に依頼できる専門家は、司法書士です。

不動産の登記をする際には、登録免許税に加えて、司法書士への報酬が必要となります。費用はかかりますが、私道に気づかず登記を忘れてしまうなどの不備はありませんから、確実で安心です。

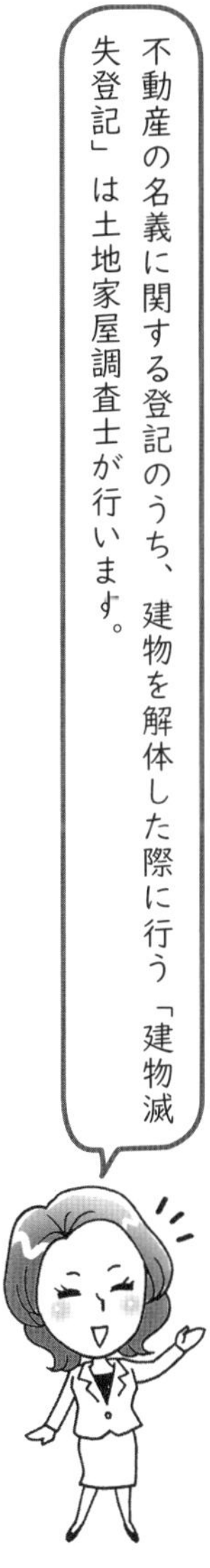
不動産の名義に関する登記のうち、建物を解体した際に行う「建物滅失登記」は土地家屋調査士が行います。

❖遺産分割協議書の作成は行政書士へ

遺言書がない場合は、遺産分割協議を行います。遺産分割協議で分割方法が決まったら、遺産分割協議書を作成しますが、この遺産分割協議書の作成を行っているのは、行政書士です。ただし、不動産登記や相続税申告（特例適用時）などの際に必要な添付書類として作成する遺産分割協議書は、司法書士や税理士が担います。

遺産分割協議が成立すれば遺産分割協議書で、遺言書があれば遺言書で、銀行や証券会社などの金融機関ごとに払戻しなどの手続きを行います。

これらの手続きを行うには、被相続人の出生時から死亡時までの連続した戸籍謄本や、各相続人の戸籍謄本、住民票など多くの書類が必要になります。また金融機関の窓口は通常、平日午後3時までしか営業していません。司法書士や行政書士などの専門家が預貯金解約などの手続きを行ったほうがスムーズです。自分で行う時間がなかったりする場合は、司法書士や行政書士に依頼しましょう。

❖税金の申告は税理士へ、年金は社会保険労務士へ

被相続人が亡くなった年の1月1日から亡くなるまでの間に所得があれば、「準確定申告」が必要です。相続の開始があったことを知った日の翌日から4カ月以内に、被相続人の死亡時の納税先を所轄する税務署で、申告と納税を行います。

また、相続・遺贈などで基礎控除額を超える財産を取得した人は、相続の開始を知った日の翌日から10カ月以内に「相続税」の申告・納税をしなければいけません。申告書などの作成にはさまざまな税金の知識が必要です。控除や特例の利用などにより大幅に減額できる場合もあり、自分たちでは気づかない申告もれなどを防ぐことができます。これらの作成は税理士が行っています。

年金に関しては、残された遺族が「遺族年金」や「死亡一時金」を受け取れる場合もあります。死亡時に支払われていない「未支給年金」があるかもしれません。自分たちで手続きをするのが難しい場合は、社会保険労務士へ依頼します。

専門家への依頼方法と流れ

必ず会って納得してから依頼

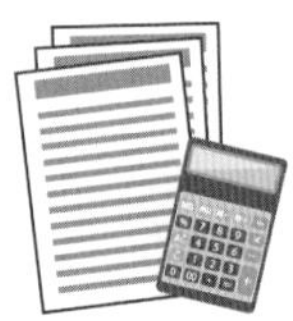

相続手続の相談や依頼をする専門家を探す方法として、①インターネットなどで調べて連絡、②誰かに紹介してもらう、③セミナーなどで知った専門家に依頼するなどの方法があります。

どの専門家も、業として行える範囲は広いため、「相続を専門」としている専門家に依頼することが重要です。とくに税理士は、法人を対象に申告業務を行っているケースが多く、相続の案件を行ったことがない税理士もいます。相続に慣れている税理士とそうでない税理士では、相続税の納税額が大きく違ってしまうことがあります。これは、税理士に限ったことではなく、ほかの専門家も同様です。

できれば①のケースではなく、②や③で依頼するほうが安心です。とくに②は知り合いですから安心です。まして、その紹介者が専門家の場合には、その専門家の顔を

専門家を探す方法

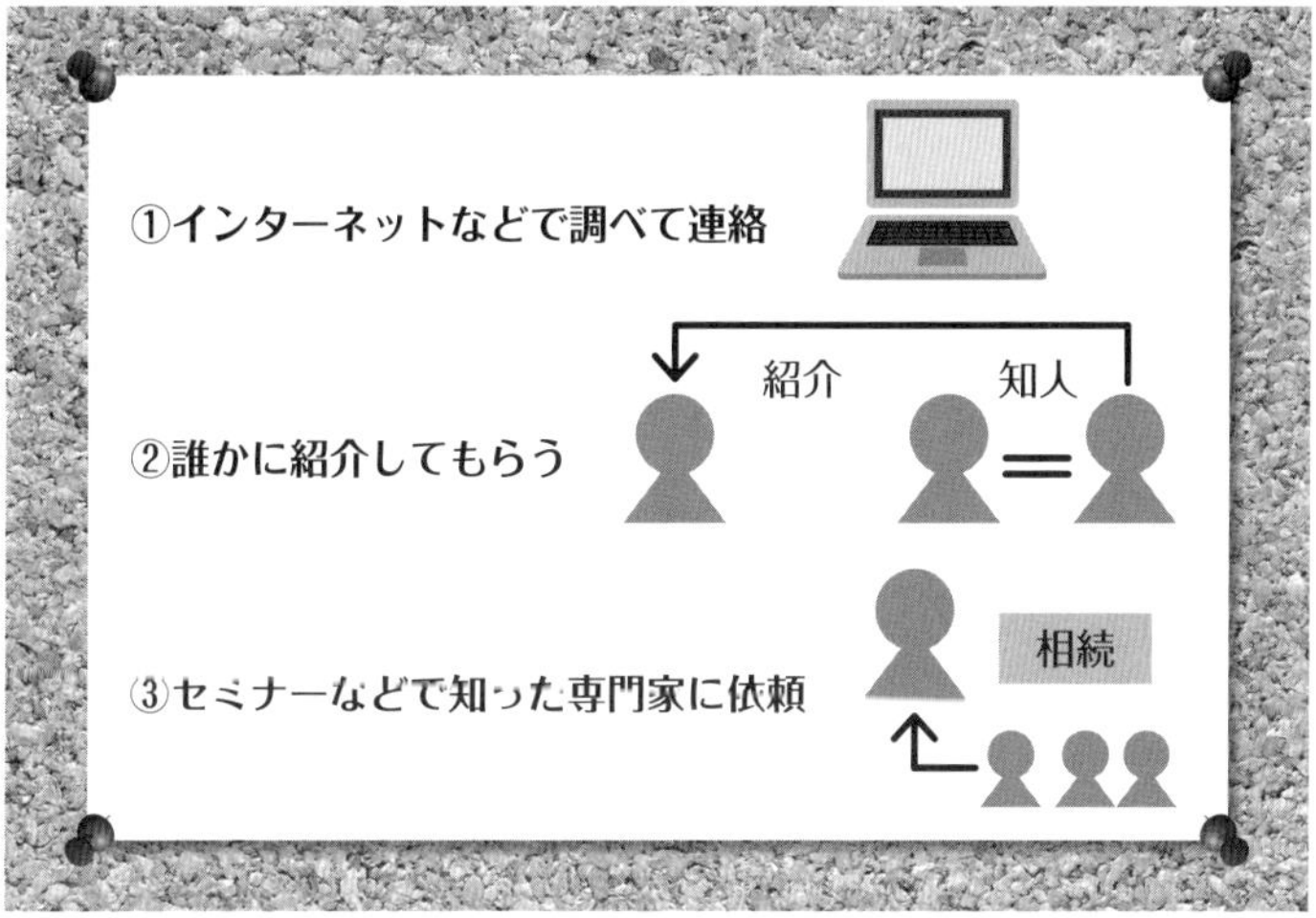

立てたり、後日終わった旨の報告などもしたりしますから、①よりはより慎重になります。③はセミナーで人柄や専門知識のほか、相性もわかったりするため、依頼しやすいからです。

これ以外の方法もありますが、誰が何の専門家なのかがわからないと、個別に探すのはなかなか難しいものです。その場合には、相続業務を行っている専門家たちがいる団体などへ連絡するのも1つの方法です。

どの方法にしても、相手に会って疑問点を明確にし、納得したうえで依頼することが大切です。

法定相続情報証明制度を利用する

手続の負担を減らせる法定相続情報証明制度

相続手続きを行う場合、相続人を確定する戸籍謄本の一式や相続人の戸籍謄本などの原本が必要になります。手続きの際に原本の返還を求めれば、たいていはコピーを取って返してくれますが、返還されない場合や、期限が切れてしまった場合は再取得することになり、時間と費用がかかります。しかし、「法定相続情報証明制度」を利用すれば、これらの戸籍謄本は一度の取得で済みます。戸籍内容に相違ないという証明書（法定相続情報一覧図の写し）を無料で交付してくれるからです。

証明書を交付してもらうには、被相続人が居住していた地域や本籍地を管轄する法務局に、必要書類を提出します。

相続手続きの際にこの証明書があれば、何度も何通も戸籍謄本を取得する手間が省けるため、準備する相続人も書類を確認する相手先も負担が軽減されます。

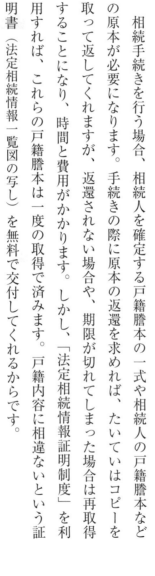

法定相続情報証明制度

●必要な書類

□ 申出書（インターネットでダウンロードもしくは法務局にて）

□ 被相続人の出生時から死亡時までの連続した戸籍謄本（相続人を確定させるための戸籍謄本をすべて取得)、住民票の除票

□ 相続人全員の戸籍謄本

□ 申出人（相続手続きを行う代表者）の身分証明書（運転免許証の写しなど)

□ 法定相続情報一覧図

□ 一覧図に相続人の住所を記載する場合は、相続人の住民票の写し

●法定相続情報一覧図

(記入例)

被相続人甲野太郎法定相続情報

最後の住所　○○県○○市○○町○丁目○番地
最後の本籍　○○県○○市○○町○丁目○番
出生　昭和○○年○月○日
死亡　平成30年10月1日

(被相続人)
甲野太郎

> (被相続人) 甲野太郎、(長男) 甲野一郎(申出人) のように1行でもOK

住所　○○県○○郡○○町○番地
出生　昭和○○年○月○日
(長男)
甲野一郎（申出人）

住所　○○県○○市○○町○丁目○番地
出生　昭和○○年○月○日
(妻)
甲野花子

住所　○○県○○市○○町○丁目○番○号
出生　昭和○○年○月○日
(長女)
乙山明美

以下余白

作成日：○○年○○月○○日
作成者：甲野一郎
(住所)：○○県○○郡○○町○番地

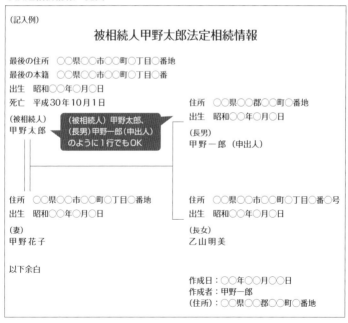

所有権移転登記をする

不動産の所有者の名義を変える「所有権移転登記」

売買や贈与、相続によって土地や建物の所有権が移転した際に行う登記を「所有権移転登記」といいます。手続きは、不動産がある地域を管轄する法務局で行います。親名義の自宅を1人が取得するなど複雑ではないのなら、法務局や法務局のホームページで申請書を入手して作成し、自分で法務局に行って名義変更をすることができます。作成のしかたがホームページに載っており、法務局でも教えてもらえます。

しかし、不動産が複数あるとか、祖父の代から名義が変わっておらず、長年にわたって変更されていないなどの場合には、自分1人で行うのは大変です。

とくに後者の場合は、祖父の法定相続人が誰なのかを、祖父の出生時から死亡時までの戸籍謄本で確認し、その相続人（たとえば父と叔父）に署名などをもらわなければならないからです。

相続で登記手続きをする場合に必要な書類

- □ 登記申請書
- □ 被相続人の出生時から死亡時までの戸籍謄本、除籍謄本など
- □ 固定資産税評価証明書
- □ 相続人全員の現在の戸籍謄本、住民票（不動産を取得する人のみ）
- □ 遺産分割協議書＋印鑑登録証明書（法定相続の場合は不要）または遺言書
- □ 登録免許税（通常は収入印紙で納付）

※遺言書を添付して登記するときは、遺言書の内容によって添付書類や登記申請人が変わります。上記は遺産分割によって登記申請する場合の一般的な添付書類になります。

※提出書類は返却されないため、事前にコピーして原本と一緒に渡せば、原本を返してもらえます。

もし、叔父が認知症になって判断能力が低下している場合には、手続きがスムーズにできませんし、死亡している場合には、叔父の子に署名などをもらわなければなりません。

まして、その祖父が昭和56年より前に死亡しているときには、現行のルールと違うため、相続人や法定相続分が異なります。

それよりも前の曾祖父の名義などになっている場合には取得書類も多くなり、手続きもより複雑になり大変です。

複雑な場合には、司法書士に依頼するのが無難です。

預貯金や株式などの相続手続きをする

金融機関によってそれぞれ手続きが異なる

預貯金の払戻しや名義変更をする場合は、次のような流れで手続きを行います。

まず、金融機関（ここでは銀行とします）に相続があったことを伝え、相続手続き届出用紙を受け取ります。口座はこの時点で凍結され、引き出しができなくなります。

必要書類は銀行ごとに、また遺言による相続手続き、遺産分割協議による相続手続き、調停・審判による相続手続きによって異なるため、事前に確認します。銀行所定の用紙に相続人全員が署名押印し、相続人の戸籍謄本や印鑑登録証明書など必要書類と一緒に提出します。銀行によっては相続人代表者を立てて、その人に振り込む形をとる場合もありますが、提出から1～2週間で、相続人へ払い戻しされます。

なお、改正民法の施行後は、相続人は遺産分割成立前に一定額の引き出しが可能になります（18ページ）。

❖上場株式は同じ証券会社に口座開設が必要

株式の場合は、被相続人名義の株式が「上場株式」か「非上場株式」かによって手続きが異なります。また、必要書類は、遺言による相続手続き、遺産分割協議による相続手続き、調停・審判による相続手続きによって異なります。手続き先（証券会社など）によってもまちまちのため、事前に確認したのちに行います。

上場株式の場合は、被相続人の口座から相続人の口座にいったん株式などを移すため、相続人が口座を持っていない場合は新たに口座を開設する必要があります。そして、被相続人の出生時から死亡時までの連続した戸籍謄本、相続人全員の戸籍謄本や住民票、遺産分割協議書や印鑑登録証明書、遺言書、口座開設者死亡届出書、上場株式等移管依頼書などの必要書類を準備します。なお、単元未満株については、証券会社の口座ではなく、株主名簿管理人である信託銀行にて手続きを行います。

非上場会社については、それぞれの会社によって手続きが異なるので、株式を発行した会社に直接問い合わせてみましょう。

役所などへの届出、その他の手続き

事前準備するものや当日持参するものを確認したうえで行う

被相続人が居住している市区町村役場に行く際には、何度も足を運ばなくていいように、市区町村役場で必要なものと当日持参するものを事前に確認しておきます。健康保険証を返却する際には、葬祭費の受取手続きや高額療養費などの確認などもできます。介護保険証を返却する場合には、高額介護サービスの払戻しがあれば申請を行います。固定資産税や市民税・県民税の未払い分があれば納付も必要です。

亡くなったタイミングによっては、振り込まれていない年金があるため、その場合は未支給年金の請求を年金事務所または年金相談センターへ行います。

公共料金の名義変更、金融機関の口座引き落としになっている会の退会、空き家になる場合には郵便物の転送手続きなども行います。なお、郵便物の転送手続きを行っても転送されずに投函されるものもありますから、定期的に確認は必要です。

役所への届出や必要に応じて行う手続き

- □ 世帯主変更届（一人世帯や世帯主が明らかな場合は不要）
- □ 復氏届（婚姻前の氏に戻る場合）
- □ 姻族関係終了届（配偶者の親族との姻族関係を終了させる場合）
- □ 印鑑登録証、住民基本台帳カード、マイナンバーカード・通知カード（相続手続きで不要になったあと）などの返却
- □ 健康保険証の返却、世帯主書き換えの変更
- □ 葬祭費（埋葬料）の受取手続き
- □ 高額療養費等の確認・請求
- □ 介護保険証の返却、高額介護サービス費の払戻し（支給を受けていた場合）
- □ 児童福祉など子育て関係の手続き（18歳未満の子がいる場合）
- □ 固定資産税、市民税・県民税などの支払い変更（未払い分がある場合）
- □ 未支給年金や遺族年金などに関する手続き
- □ 公共料金の名義変更、引き落とし口座の変更
- □ 郵便物の停止・転送（必要な場合）
- □ 各種会員証や身分証明書などの解約・返却（特に年会費等金融機関口座引き落としになっているもの）
- □ 住居の賃貸借契約の名義変更
- □ 自動車の名義変更・廃車手続き
- □ 生命保険・損害保険の保険金などの受け取り
- □ 確定拠出年金の死亡一時金受け取り
- □ インターネットプロバイダー、携帯電話などの解約（先方からの連絡がある場合もあるため、時期を見て）

準確定申告が必要なケース

被相続人が条件に該当する場合は準確定申告が必要

被相続人が死亡した年の所得税を税務署に申告し、納税するのが準確定申告です。申告が必要なのは通常、次の場合です。

①個人事業（自営）を行っていた人
②2カ所以上から給与を受けていた場合
③給与収入が2000万円を超えていた場合
④給与所得や退職所得以外の所得が合計で20万円以上あった場合
⑤医療費控除の対象となる高額の医療費を支払っていて、準確定申告をすることになり所得税の還付を受けられる場合
⑥貸付金の利子収入や家賃などの不動産収入を受け取っていた場合
⑦公的年金等の収入が400万円を超える場合

❖徴収済の源泉所得税の一部が戻ってくる場合も

被相続人が年金を受け取っており、所得税が源泉徴収されている場合や、医療費控除や介護保険などの社会保険料控除、地震保険料控除といった所得控除を受けていた場合は、準確定申告をすると徴収済の源泉所得税の一部が戻ってくることがあります。

所得控除の対象は、死亡日までの支払い分です。配偶者控除は「配偶者の年間の合計所得金額が38万円以下」という要件を満たしていれば適用を受けられます（相続開始時の現況によって見積もります）。なお、年金の源泉徴収票は、公的年金の場合は日本年金機構、企業年金の場合は勤めていた企業の年金基金や企業年金連合会へ、死亡による年金受給の停止の手続きの書類を提出すれば、自動的に送付されてきます。

準確定申告書には、氏名、住所、被相続人との続柄など各相続人の情報を記入した付表を添付する必要があります。また、相続人が2人以上いる場合は、原則、各相続人が連署した準確定申告書を提出します。専用の用紙はないので、通常の確定申告の用紙に「準」の文字を記入して使います。

基礎控除以下なら相続税がかからない

相続税の課税対象となる被相続人の割合は8・1％

相続税は、相続や遺贈によって取得した財産の評価額の合計が基礎控除額を超えない場合には、相続税がかかりません。「相続税が心配」と思っている人がいるかもしれませんが、相続税がかかるケースは、そう多くありません。

国税庁の「相続税の申告状況について」（２０１７年12月公表）によれば、２０１６年中に亡くなった人（被相続人数）は約１３１万人、このうち相続税の課税対象となった被相続人数は約10万６０００人で、課税割合は８・１％となっています。課税対象となったのは、大半が都市部に住んでいる人です。

なお、２０１７年の相続税額の合計は１兆８６８１億円で、被相続人１人当たりでは１７６４万円となっています。相続財産の金額の構成比は、土地38％、現金・預貯金31・２％、有価証券14・４％の順となっています。

❖基礎控除の額

相続税の基礎控除額は、3000万円+(600万円×法定相続人の数)で計算されます。この基礎控除額を超えたとしても、「配偶者の税額軽減の特例」(144ページ)や「小規模宅地等の特例」(146ページ)などによって、相続税がかからないケースもあります。

相続税の額は、さまざまな加算や控除をした結果、決まるものです。基礎控除の額に近い場合には、相続税がかかる可能性があります。

相続税の基礎控除の計算例

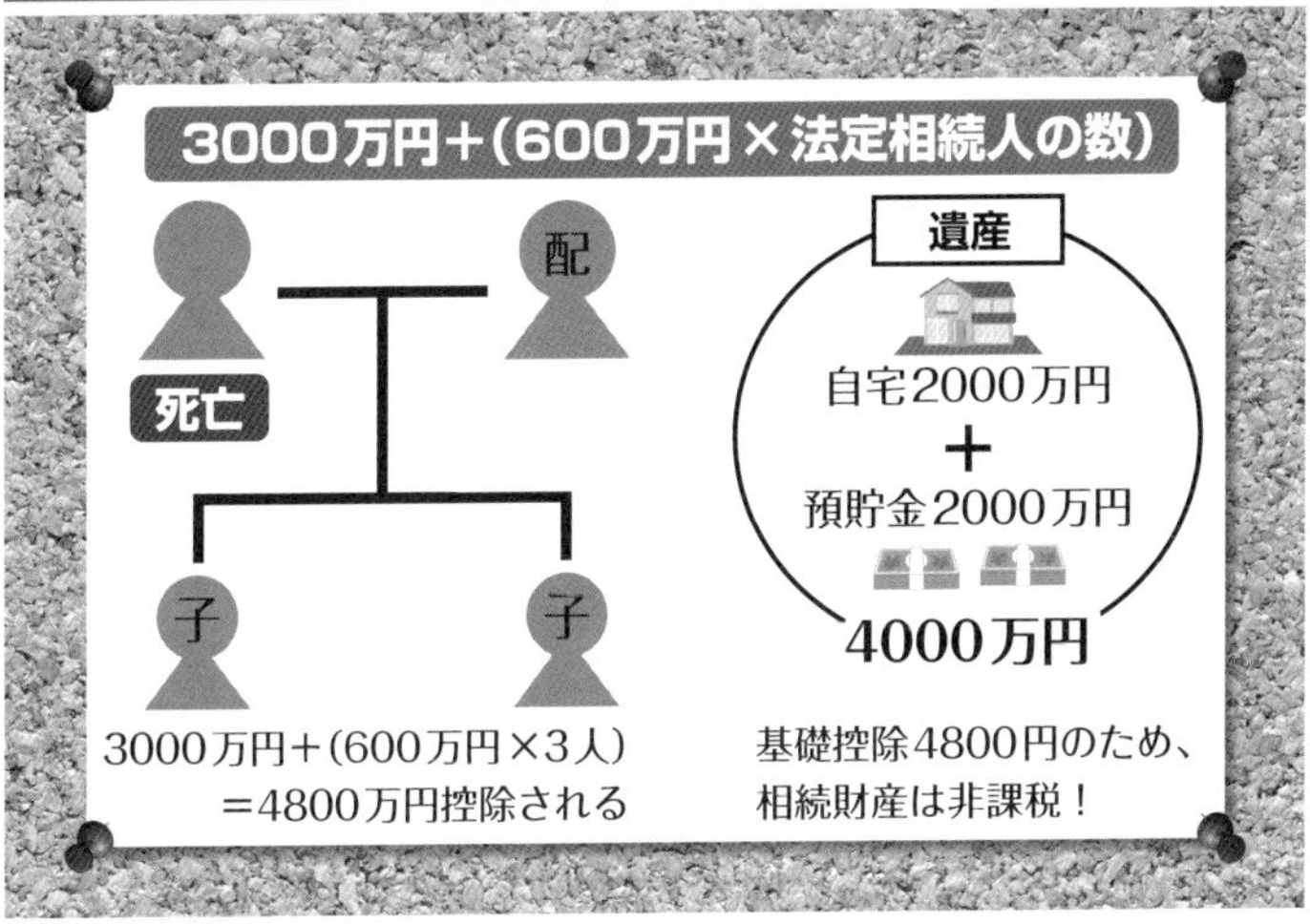

税額軽減の特例や非課税のものもある

配偶者の特例と死亡保険金の非課税枠

被相続人の配偶者の生活を守るための制度として「配偶者の税額軽減の特例」があります。配偶者が財産を相続によって取得する場合、1億6千万円もしくは配偶者の法定相続分相当額のどちらか多い金額までは、相続税が課税されないというものです。

配偶者と子で相続した場合、配偶者は相続税がかからなくても、子は相続税がかかります。子の相続税を避けるために配偶者が全財産を相続すると、次の相続（2次相続）でより多くの相続税を子が支払うことになりかねません。今の相続のみに目を向けるのではなく、2次相続も視野に入れて遺産分割することが必要です。

なお、この特例を利用するには、①申告期限までに遺産分割協議が決まっていることと、②申告期限までに申告することが必要です。スムーズに遺産分割ができなければ、特例を利用するのが難しくなります。

死亡保険金にかかる税金

	契約者(A)	被保険者(B)	受取人(C)	かかる税金	課税内容
①	夫	夫	妻	相続税	非課税の特典あり(死亡保険金－500万円×法定相続人の数)
②	夫	夫	相続人以外	相続税	非課税の特典なし
③	夫	妻	夫	所得税(一時所得)	(死亡保険金－払込保険料－特別控除50万円)×1/2
④	夫	妻	子	贈与税	死亡保険金－基礎控除110万円

❖死亡保険金は一定額まで非課税

生命保険は、契約者、被保険者、受取人が誰なのかによって、かかる税金が異なります。上の図の①のケースでは、「500万円×法定相続人の数」までは非課税となります（税金がかかりません）。しかし、この非課税の額を超えた分は、課税対象になります。

死亡保険金は受取人固有の財産ですから、遺産ではありません。しかし、相続税を計算する場合には「みなし相続財産」として、計算上含められることになっています。

特例で不動産の評価額を下げられる

小規模宅地等の特例で最大80％まで減額される

被相続人が住んでいた土地や事業をしていた土地について、一定の要件を満たす場合、80％または50％まで評価額が減額される「小規模宅地等の特例」が利用できます。

この特例は、特定居住用宅地（住宅で使っている土地）、特定事業用宅地（事業で使っている土地）、貸付事業用宅地（他人に貸している土地）のいずれかに該当する宅地であることが必要です。

たとえば、相続開始直前の宅地の利用区分が「被相続人の居住用の宅地」で、敷地の面積が特例の定める330平方メートル範囲内の場合、「特定居住用宅地等」の要件を満たすことになります。減額される割合は80％です。

評価額が5000万円の土地である場合、5000万円×80％＝4000万円が減額となります。

小規模宅地等の特例

●減額される割合

宅地区分	内容	適用面積	減額割合
居住用	自宅の敷地	330m^2	80%
個人事業用	個人商店、工場などの敷地	400m^2	80%
同族会社事業用	同族関係者が株式の過半数を持つ同族会社の事業用敷地	400m^2	80%
不動産貸付用	マンション、駐車場など賃貸中の不動産	200m^2	50%

●要件

取得者	要件（取得者ごとの要件はすべて満たすこと）
配偶者	無条件（同居要件なし）
被相続人と同居の親族	①相続開始前から被相続人と同居しており、相続税の申告期限までそこに住んでいること ②その家の敷地を、相続税の申告期限まで所有し続けること
被相続人と別居の親族	①配偶者や同居親族がいないこと ②その家の敷地を、相続税の申告期限まで所有し続けること ③相続開始日前３年以内に、日本国内にある次の所有者の住宅に住んだことがないこと イ．自己 ロ．自己の配偶者
（2018年4月改正）	ハ．自己の３親等内の親族 ニ．自己と特別の関係がある一定の法人 ④相続開始時に住んでいる住宅について、過去に一度も所有したことがないこと

※平成30年3月31日までに改正前の要件を満たしている場合には、平成32年3月31日までに発生した相続に限り、改正前の特例が認められる。

❖税制改正により特例の条件から除外されるケースが登場

小規模宅地等の特例は、要件に該当しなければ利用できません。その要件が2018年4月より改正になりました。おもな改正点は、配偶者も同居の親族もいない場合、これまで別居の親族が利用できていた要件が少し厳しくなったことです。

今までなら「別居の親族がマイホームを持っていない賃貸暮らし（通称：家なき子）なら、被相続人の自宅評価額を80％減額してもらえる」というものでした。それが、次のケースにあたる人は除外されることになりました。

①相続開始前3年以内に、3親等内の親族が所有する国内にある家屋に居住したことがある者（たとえば、叔父が所有する家を借りて住んでいたなど）。

②相続開始時において居住している家屋を所有したことがある者（たとえば、自宅を父から子へ売却や贈与などがされ、子の名義になった家に父が住んでいた場合など）。

もともとマイホームがあるにもかかわらず、事前に他の親族等へ売却し、実家を相続する際に特例を適用できるようにしていたケースが排除されることになりました。

❖貸付している土地も要件が厳格化

２０１８年度税制改正により、小規模宅地等の特例のうち、貸付事業用宅地の特例についても要件が厳格化されることになりました。

貸付事業用宅地の特例とは、アパートやマンション、貸戸建、駐車場・駐輪場など、他人に土地を貸している場合、２００平方メートルまでを上限に土地の評価額が50％減額される制度です。被相続人の貸付事業用に使用されていた宅地で特定の条件を満たす被相続人の親族が相続または遺贈により取得した場合に適用可能となります。

ところが、改正により、相続開始前3年以内に不動産貸付事業を始めた土地については、この恩恵を受けることができなくなりました。

つまり、不動産貸付事業を行っていなかったのに、「相続税の節税対策として、賃貸物件を建築して貸付にしたり駐車場にしたりしたけれど、3年以内に相続が発生した」という場合には、小規模宅地等の特例の適用を受けることができないということです。

申告に必要な書類を集める

財産額から身分を証明するものまで膨大な量になる添付書類

税務署への相続税の申告には、相続税の申告書以外に、さまざまな書類が必要なため、書類のチェックリストを作成して臨みましょう。

必要な書類は大きく分けると、財産関係、債務関係、身分関係、その他の4つのグループになります。

財産関係は、土地、建物、上場株式・非上場株式、現金・預貯金などの財産を証明する書類となります。債務関係は、借入金、未払金、葬儀費用など、マイナスもしくは控除できる財産を証明する書類となります。身分関係は、被相続人に関する書類と遺言書、遺産分割協議書などの書類です。

このほかに、各相続人の戸籍謄本、住民票、印鑑登録証明書、マイナンバーカードなどが必要です。

相続税の申告に必要な書類

不動産	所有不動産を証明するもの（固定資産税評価証明書、登記事項証明書など）
	賃貸借契約書、小作に付されている旨の農業委員会の証明書
	土地の無償返還に関する届出書
	実測図など
事業(農業)用財産	資産・負債の残高表、所得税青色申告決算書・収支内訳書
有価証券	証券・株式、通帳またはその預り証
	証券、株券またはその預り証
	配当金支払通知書(保有株数表示)
	評価明細書など
現金・預貯金	預貯金・金銭信託などの残高証明書、預貯金通帳など
生命保険金・退職手当金など	保険証券、支払保険料計算書、所得税および復興特別所得税の確定申告書(控)など
	退職金の支払調書、取締役会議事録など
立木	立木証明書、森林経営計画書、森林簿、森林組合などの精通者意見など
その他の財産	法人税の確定申告書(控)、借用証など
	現物の確認(最近取得している場合は、取得価額のわかる書類)
	会員証(券)
	賃貸借契約書、通帳、領収書(控)
	評価明細書
	総勘定元帳、決算書
	所得税および復興特別所得税の準確定申告書(控)
	保険証券、支払保険料計算書、所得税および復興特別所得税の確定申告書(控)など
債務	納付書、納税通知書、請求書、手形
	賃貸借契約書
	相続権利放棄申述の証明書
葬儀費用	領収証、請求書など

相続税の計算をし申告・納税する

税理士に依頼するなら早めに

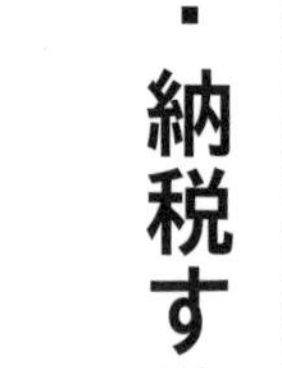

相続税を計算するには、図のようにプラス・マイナスし、課税される額を求めます。遺産総額に、受け取った死亡保険金と死亡退職金を「みなし相続財産（145ページ）」として、税金の計算上含めます。そして、被相続人から贈与を受けていたもので、「相続時精算課税制度（25ページ）」を利用していた分や、被相続人が「死亡する前3年以内にした贈与」も贈与していないものとして遺産に加えます。

次に、墓や仏壇、死亡保険金の非課税枠（145ページ）などの「非課税財産」「葬儀費用」、ローンや未払金などの「債務」など、控除するものがあれば差し引きます。

そして、「正味の遺産額」から「基礎控除」を差し引いて算出された「課税遺産総額」に対し、法定相続分で取得したものとして一度計算され、その税額に対して、相続人が実際に相続する遺産額を按分《あんぶん》した（割合に応じて分けた）額が各人の納付額になります。

相続税の計算

遺産総額（現金、預貯金、不動産、株式、動産など） ＋ **みなし相続財産**（死亡保険金、死亡退職金など） ＋ **相続時精算課税の適用を受ける贈与財産**

＋ **相続開始前3年以内の贈与財産** － **非課税財産**（墓、仏壇、死亡保険金非課税枠など） － **葬式費用** － **債務**（借金、未払い金など）

＝ **正味の遺産額** － **基礎控除** ＝ **課税遺産総額**

↓

① 課税遺産総額を法定相続分で按分＝各人の取得金額
② 各人の取得金額に税率を掛け、各人の税額を合算＝相続税の総額
③ 相続税の総額に、実際に取得した額を税額で按分＝各人の相続税額

●非課税財産

① 墓所、仏壇、祭具などの祭祀財産
② 国や地方公共団体、特定の公益法人に寄附した財産
③ 生命保険金のうち次の額まで：500万円×法定相続人の数
④ 死亡退職金のうち次の額まで：500万円×法定相続人の数

●基礎控除額

3000万円＋（600万円×法定相続人の数）

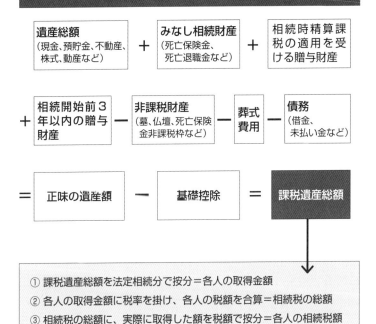

❖相続税は現金一括納付が原則

相続税の申告と納税は、相続の開始を知った日の翌日から10カ月以内です。この間に申告書を作成して提出し、期限内に納税もしなければなりません。

税理士への依頼は、早めが大切です。必要書類を集める時間、調べて計算する時間などが必要になるため、依頼してすぐに作成できるわけではないからです。短時間しか残されていない場合には、引き受けてくれる税理士は少なくなります。

そして計算をするときに必要なのが、遺産分割協議書です。遺産の分け方が決まらなければ、実際に相続人が取得する額がわかりません。そうなると、法定相続分で分割したものとして申告することになります。後日、分割協議が整った場合などは、改めて申告し直すこともできますし、特例の適用を受ける場合は一定の書類の提出が必要です（144ページ）。

つまり、実際の取得額よりも法定相続分のほうが多い場合には、多く納税しなければならないということです。

物納にあてることのできる財産の種類

第１順位	①不動産、船舶、国債証券、地方債証券、上場株式など ②不動産および上場株式のうち、物納劣後財産（ほかに適当な価額の財産がある場合には物納にあてることができない財産）に該当するもの
第２順位	③非上場株式など ④非上場株式などのうち、物納劣後財産に該当するもの
第３順位	⑤動産

相続税は現金一括での納付が原則です。現金が足りないため不動産を売却しようと思っても、短期間で現金化できるとも限りません。

現金一括納付が難しく納税額が10万円を超える場合には、「不足分」を延納（分割払い）にすることができます。ですが、すべての額が延納できるわけではありませんし、担保（債権や不動産、保証人など）も必要です。この延納期間中は利子税がかかります。

延納も難しい場合には、物納ができますが、物納にあてることができる財産は、上の図のように限られています。

ケースでわかる相続⑤

相続税申告のやり直し

遺産分割でもめてしまい、法定相続分で相続税を納付しました。その後、遺産分割が決まり、特例を利用して税金を取り戻したいのですが、申告をやり直すことはできるのでしょうか――

5年前に父が再婚しましたが、私たちきょうだい3人は義母と折が合わず、ずっと疎遠状態でした。父が亡くなったため、義母と私たちは遺産分割の話をすることになったのですが、話し合いは決裂。きょうだいの1人が入院したこともあり、結局、遺産分割が決まらないまま相続税の申告期限になり、多額の税額を納付せざるをえませんでした。

税理士が、「申告の際に、将来分割が決まったときに還付されるよう、『申告期限後3年以内の分割見込書』を提出しておきました。遺産分割が決まって4カ月以内に『更正の請求』を行う必要がありますので、決まり次第連絡をください」と言ってくれました。

結局、自宅を義母に、その他の財産は私たちで相続することになり、小規模宅地等の特例や配偶者の税額軽減の特例の利用で相続税額がかなり戻ってくることになりました。

相続税の申告は細かいルールなどもありますから、税理士に依頼するほうが安心です。

【パート4】

相続が終わったら遺品整理

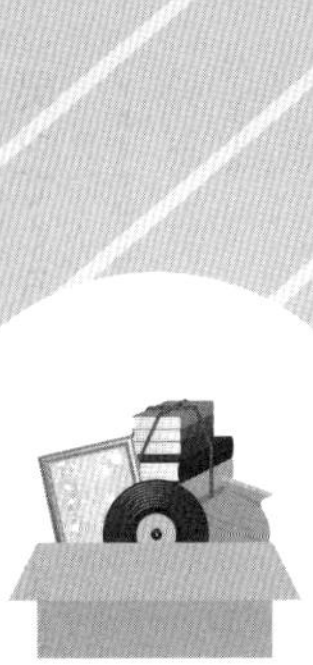

相続手続きや一周忌を目安に始める

遺品整理を考えるのは故人の部屋を見たとき

遺品とは、故人が残したものや故人にゆかりのある品物をいいます。日常使用していたもの、思い出の品など広範囲におよびます。

これらの遺品整理をするのは、たいてい整理しなければならない事情があるからです。誰も住まなくなった家を売却する、故人の部屋を違う用途で利用する、必要なものを探す、家賃がかかるから早く退室する、家主の意向などの理由からです。

遺品整理はものの整理でもありますが、同時に親族の心の整理でもあります。改めて故人が使用していた部屋を見渡すと、目に映るもののすべてが、故人の過去との思い出につながり、今まで気にしていなかった多くのものの存在に気づきます。そしてそれを整理しなければならないと思うのもこのときです。これらの遺品を家族たちで行うのか、業者に依頼して行うのかも含め、考えていくことになります。

❖遺品整理を始めるきっかけは人それぞれ

遺品整理のタイミングは人それぞれです。事情があって早く始めることもありますが、四十九日法要や一周忌法要などで親族が一堂に会する機会に話が出て、着手するケースもあります。

遺品といっても、動産などは相続財産に含まれますから、ある程度まで相続手続きが終わったり、気持ちが落ち着いたころに行ったりするほうがよい場合もあります。急いで業者に依頼したために、じっくり遺品を確認できずに処分してしまい、あとで悔やむ人がいるからです。遺品整理後にふと思い出し、あの品物はやはり取っておけばよかったと後悔する人もいます。また、相続手続きのときに書類がなくて、再発行手続きなどで時間を費やしてしまったというケースもあります。

家族で遺品整理を行う場合は、ゴミ出しの日に合わせるとよいでしょう。自分たちが住んでいる地域とごみ出しルールが違ったり、専用のごみ袋が必要だったりしますから、確認は必要です。

効率よく片づける遺品整理のコツ

選び出すのでなく「すべてを手放す」前提で取り組む

はじめての遺品整理は想像以上に時間と労力がかかります。意気込んで始めても、途中で故人の思い出がよみがえり、手を止めてしまうこともあるでしょう。また、思い出の品物を手放せず、部屋の片づけが思うように進まず、ものがあふれたままになることもよくあります。遺品整理作業は、次の3つの段階があります。このうち片づけがもっともエネルギーを要し、かつ重要な作業です。

第1段階……片づけ（必要なものと不要なものの分別）

第2段階……整理（同じカテゴリー別に分類）

第3段階……収納・掃除（しまう場所や置き場所を考える）

第1段階の片づけが進まない人は、必要なものと不必要なものを分けることを、新しいとかきれいだから使えるなどと判断してしまっています。

❖遺品整理と同時に「気持ちの整理」をする

部屋を効率よくきれいにする遺品整理の心得の1つとして、まず遺品を「これらは基本的に自分には不要で、すべて手放すもの」と決めて作業することです。

ところが、親が使っていた食器や、親が獲得したトロフィーに対して「親の思い出が詰まっている品だから価値がある。だから手放せない」と考えはじめると、片づけの第1段階の必要なものと不要なものの分別作業は進まなくなります。

こんなときは、一旦冷静に考えてみましょう。遺族にとっての価値は故人の食器やトロフィーではなく、故人の思い出（記憶）であることがわかるはず。手放せないのは「もの自体」ではなく「気持ちと過去の記憶」なのです。「大事なのは故人の思い出。記憶は自分自身の中で生きている」と気持ちを整理できれば、ものに執着せず整理できます。そして、納得して手放していけば片づけはスムーズに進みます。

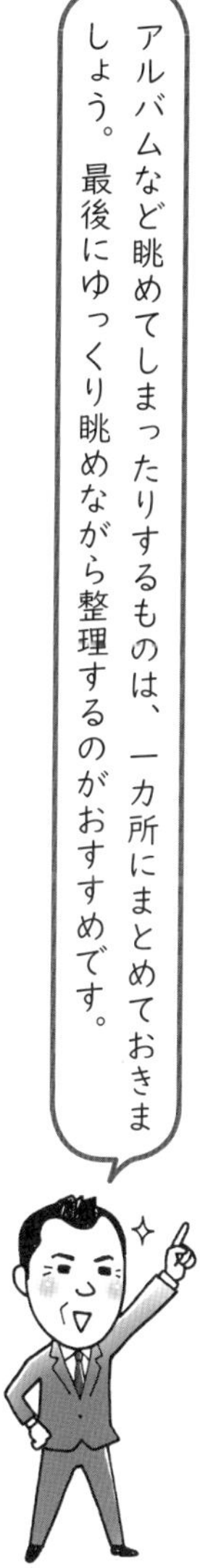
アルバムなど眺めてしまったりするものは、一カ所にまとめておきましょう。最後にゆっくり眺めながら整理するのがおすすめです。

❖判断基準は「いつか使う」ではなく「今必要か」

遺品整理が終わらない人が陥りがちなのが、残すものを判断する基準がいつの間にかすり替わっていることです。

最初は思い出が詰まった品物かどうかで「必要・不要」を判断していたのが、いつの間にか「まだ使える・いつか使う」に変わってしまっていることがあります。極端な話、紙コップやハンガーなどは「不要」ととらえて処分すべきですが、まだ使えるので取っておこうと考えはじめると、片づけ作業はなかなか前に進みません。

生活雑貨はわざわざとっておいたり持ち帰ったりしなくても、必要なときに必要な分だけ買ったほうが、ものも増えず置き場所で困ったりしません。

作業が進まずに心が折れそうになったときは、「今必要かどうか」という判断基準が、「いつか使う」にすり替わっていないか、改めてチェックしてみます。

こうして作業を続けていると、この「今必要か・不要か」を判断する基準がだんだん確立されていきます。

処分しづらい故人の愛用品

・眼鏡　・腕時計　・アクセサリー　・家具　・洋服
・着物　・アルバム　・手紙　・トロフィーや賞状
・手作りの品物　・自分がプレゼントしたもの

これらの実物を手放したとしても、写真の中で、故人が生きていた証として残すことができます。

❖悩んだら写真に撮って保存する

故人の愛用品や思い出の詰まったものは、それ自体の値打ちはなくても、遺族にとっては価値があるものです。

しかし、実物を手元に保管するのは大変な場合もあります。そのようなときには、写真に撮って実物は手放しましょう。データのバックアップを取っておけば安心です。

家族それぞれが、それらの写真を持っていれば、思い入れのある品を必要なときに見たり、写真にして飾っておいたりすることができます。

❖きょうだいや親戚と一緒に行うと作業はスムーズ

遺品整理は、故人との思い出の整理、遺族の心の整理、そして実際の作業と多岐にわたります。1人で行うと気が滅入ってしまいがちですし、判断に迷ってしまいます。ですから、きょうだいや頼りになる存在の相談者がいると助かります。

一緒に作業をしてくれるきょうだいや親戚がいるなら、「必要・不必要」を判断するアドバイスももらえるので、分別しやすくなります。

たまにあるのが、遺品整理を任せておきながら、あとで「高価な指輪があったはず」「私がもらう予定になっていた着物がない」など、遺品整理をした人を悪者扱いするケース。故人がすでに売却や処分をしている場合もありますが、片づけしている場で確認していないため、過去の記憶や憶測で相手を責めてしまうのです。

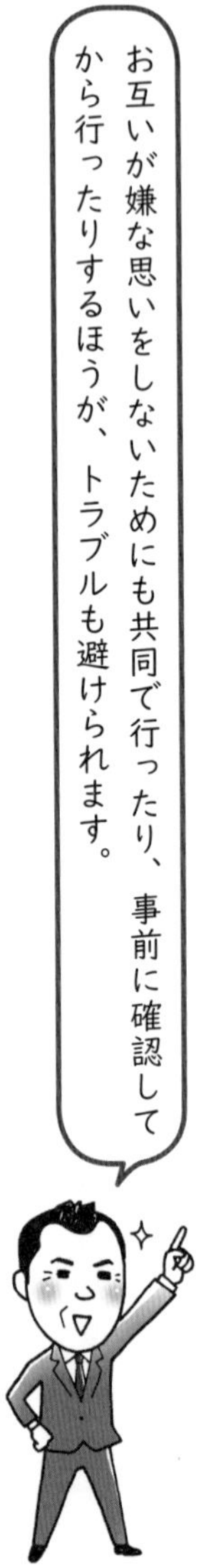
お互いが嫌な思いをしないためにも共同で行ったり、事前に確認してから行ったりするほうが、トラブルも避けられます。

❖「片づける量が多い・時間がない」なら専門業者に依頼する

遺品整理を手伝ってくれるきょうだいや親戚がおらず、仕事が忙しくて休日に片づけができない人や、1人で始めたもののどこから手をつけていいのか途方に暮れてしまう人、故人が賃貸住宅に住んでいたので急いで遺品を片づけて退去しなくてはならない人は、遺品整理専門業者に依頼する方法もあります。

遺品整理は本来、故人の家族が行うものですが、核家族化や高齢化・少子化、消費社会、ごみの分別の複雑化・厳格化などにより、家族だけで行うには負担が大きくなっているからです。いっそのこと専門業者に依頼するのも1つの方法です。

片づけの業者には、産業廃棄物業者、片づけコンサルティング、生前整理・遺品整理をメインとする業者など、いくつかタイプがあります。片づけに伴うサービス全般を依頼したいのか、それとも粗大ごみの処分だけを依頼したのかなどを決めてから、最適な業者を選んで見積もりを依頼してみましょう。

値打ちのありそうな遺品が出てきたら

リサイクルできるものはリサイクルショップへ

リサイクルできそうなものは一カ所に集めておき、リサイクルショップに見積もりを依頼してみましょう。購入額が高いとかブランドものだからといって、高い額で引き取ってもらえるとは限りませんが、希望どおりの値段がつけばラッキーですし、値段がつかなければ「すべて不要」ととらえ、引き取ってもらいましょう。

❖高価な品は保管しておき、どうするのか相続人と話し合う

遺品整理をしていて押し入れや倉庫から美術品や骨董品、貴金属・アクセサリーなど高価な品物が出てきたときは、遺産分割協議が終わるまでそのままの状態で保管しておきましょう。これらの動産も遺産になるため、相続人でどのように分割するのか話し合って決める必要があるからです。

また、遺産分割協議後に高価な品物が見つかったり、遺言書で動産類を誰に相続させるかの指定がない場合は、その品物に対する遺産分割協議を行わなければなりません。

とはいえ、動産の場合には相当高価な品物ではない限り、家族間の話し合いで決めるケースになりがちです。

ただし、動産のなかでも自動車のように登録されているものは、必ず遺産分割協議などで手続きを行わなければなりません。名義変更をしなければ、最終的に売却や処分などをすることができないからです。

遺品整理のコツ

専門店に無料引き取りを依頼

本やＤＶＤ、ＣＤ、ゲームなどを処分するときは、各専門店を使うのが便利です。それほどの量がなければ、自分で最寄りの店舗に持ち込めばその場で買い取ってくれますし、値段がつかないものも、無料で引き取ってくれます。

遺品整理で気をつけること

家の外にある遺品を忘れないよう注意

遺品は家の中だけでなく庭やガレージ、物置・倉庫、店舗など家の外にも置かれている可能性があります。庭やベランダに植木があったり、レンタル倉庫に荷物が置いてあったり、共同菜園のスペースを借りているケースもあります。

故人がマンションや団地に住んでいた場合には、駐輪場に自転車を止めていたり、自動車やバイクを自宅の近くの月極駐車場に止めていたりすることもあります。

また、自営業者で店舗や倉庫を借りている場合は、その中にも故人の遺品があるでしょうし、農業従事者であれば、故人の使っていた作業道具もあります。農機具やトラクターなどはリース品、あるいは複数の農家が共同で所有しているものがあるかもしれません。そして、ポストの中の郵便物や宅配ボックスの中の荷物も要注意です。

家の外にあるものは忘れがちなため、よく確認することが必要です。

相続や役所手続きに係る書類

- □遺言書
- □預貯金通帳
- □不動産契約書や権利証（登記識別情報通知）
- □保険証券
- □借入金や他人の保証人になっている契約書
- □役所からの納税通知や健康保険・年金などの通知書類
- □銀行・証券・保険などの会社からの通知

❖遺言書や預貯金通帳が紛れ込む!?

片づけの最中に相続や役所手続きに係る大事な書類など（上図）が出てくる可能性があります。相続手続きがまだ終わっていない場合、これらのものはその後の遺産分割に大きく影響してきます。すでに相続手続きが終わっている場合には、遺産分割をやり直すことになるかもしれません。

片づけの最中にこれらを発見したら、「重要書類」と書いた段ボールの箱に入れて保管し、あとでくわしく調べられるようにしておきましょう。

遺品整理の際にやりがちな失敗

うっかり捨ててしまうと後悔する

片づけは、整理収納されたものから数十年積み上げたものなどを分別していく作業です。最初のうちは、処分するものや故人のゆかりのものを1つずつ確認しながら進めていくのですが、あまり時間をかけるわけにもいかず、しかもだんだん面倒になってきて、そのうちチラっと確認してどんどん捨ててしまいがち。そうして起こりがちなのが、「うっかり捨ててしまった……」という失敗です。

たとえばリモコン。室内の電灯、エアコン、テレビ、扇風機などリモコンがなければ使えない電化製品が多くあります。また、鍵を捨ててしまって困るケースもあります。この鍵はなんだろうと思いつつも捨ててしまい、のちのち金庫や物置、引き出しが開かなくて困るのです。そのほかには、貴金属、封筒に入った手紙や請求書、重要書類のお知らせ、住所録などもドサクサにまぎれて捨ててしまう場合があります。

確認してから処分するもの

- □インターネットプロバイダーからレンタルしているルーター
- □レンタルDVD
- □車いすや介護系のベッド
- □緊急通報機器、ウォーターサーバなど
- □備え付けのエアコンやコンロ
- □下駄箱など

❖レンタル品の処分は確認を

遺品整理をしていると、じっくりと確認せずに処理してしまうため、どれがレンタル品なのか把握しないままなくしてしまう場合があります。

また、もともと備え付けられていたエアコンを外してしまうなど、ついつい勢いで処分してあとで困ることもあります。

一緒に整理している人が借りものと気づかずに処分してしまう場合もありますから、「よく確認」することは大切です。

遺品の形見分けの方法

形見分けするのは故人の愛用品か値打ちのあるもの

形見分けで多いものは、時計や万年筆、眼鏡、ネックレスや指輪、ジッポライターなど、故人が身につけていたものや愛用品です。古かったり、汚れていたり、ものとして値打ちはなくても、それを通じて故人に思いをはせることができる品物です。

かつては、たとえば「財布は長男に、万年筆は二男に分けよう」といった具合に故人の愛用品の形見分けが行われていましたが、核家族化が進むにつれて、また道徳観が変わるにつれて、本来の意味での形見分けという風習はすたれてきています。

昨今は遺品の中から、現在の貨幣価値を基準に自分が欲しいもの、最新の便利できれいなものを親族が持ち帰る傾向があります。

また、「故人の持っていたテレビのほうが新しいから自分の家のテレビと交換したい」など、形見分けというより交換というケースもあります。

❖形見分けは遺産分割が終わったあとがよい

高価でないものは、遺産分割に関係なく形見分けができます。ですから、四十九日法要や五十日祭のほか、遺品整理で近親者や親戚が集まったときに行われる傾向があります。

親戚などが高価な品物を欲しがることがありますが、高価な品物は遺産分割の対象になりますから、勝手に渡すわけにはいきません。そして相続人以外が高価なものを受け取ると贈与とみなされ、受け取った人に贈与税がかかる可能性もあります。

ちなみに、親族以外の第三者へ形見分けをする際には、気をつけなければならないことがあります。形見分けは「亡くなった人より目上の人に渡すものではない」というマナーがあるからです。

今は何を誰に渡してもよいとなりつつありますが、相手が望む場合のみ渡すようにするのが無難です。なお、贈りものではないため、渡す際には包装は不要です。包むのであれば、奉書紙や半紙などで軽くくるむ程度にしましょう。

遺品の寄付の方法

寄付を受ける相手が困らないよう配慮をする

遺品整理で出てきた不要なものを社会の役に立てたいと考え、施設や団体に寄付したいと思う人も少なくありません。

しかし、寄付を受ける側が不要と思っているものを送っては迷惑になってしまいます。ですから、突然送りつけるのではなく、前もって連絡をしてどのようなものを必要としているのかを把握したうえで寄付をすることが大切です。

そうでなければ、「寄付をして社会貢献した」と自己満足しているにすぎません。

当たり前のことですが、寄付する際には、汚れたものや壊れているものなどは相手が望まないため、使える状態にあり、もらって助かるものだけを送りましょう。

寄付できる相手先の例

●国内外の施設・団体へ贈って再利用してもらう活動

・寄付できるもの

衣類、靴、文房具、ランドセル、ぬいぐるみ、台所用品、調理器具

・寄付先

海外では途上国で支援活動を行う団体、国内では障がい児支援施設や高齢者施設

●古着が途上国の支援活動にあてられる活動

寄付した古着はリサイクル業者に買い取られ、その収益はＮＰＯ法人が途上国で行っている支援活動（学校建設、井戸堀り、技術支援など）に使われるというしくみ

●被災した地域の小中学校、図書館・児童館、病院へ送って再利用してもらう活動

リユース活動を行う団体が、保管状態のよい本を受け入れ、先方が希望する種類の本を送る

❖寄付は社会貢献にもなる

衣服や雑貨、本など不要になったものを国内で集め、寄付物資を必要としている国内外の施設・団体へ贈って再利用してもらう活動があります。

また、そのような活動を展開するＮＰＯ法人もいくつかあります。こうした団体に寄付することは、間接的とはいえ社会貢献につながります。

インターネットで「洋服　寄付」などと検索すれば、いくつかの団体がリストアップされるので、自分がよいと思う団体を選んで寄付しましょう。

遺品整理業者に依頼するときの注意点

業者に何を求めるのかハッキリさせる

最近は「遺品整理」と看板を揚げる業者が多くなりました。リサイクル業者、便利屋、産業廃棄物業者、ハウスクリーニング業者、片づけコンサルティング、引っ越し屋、宅急便屋など、さまざまあります。その中でも、ものの処分だけをしてくれる業者、遺族とともに一緒に片づけをする業者など、業種もタイプもいろいろです。

ものの処分をしてくれる業者に依頼した場合、思い出の品であっても、確認の言葉一つなく処分されてしまう可能性があり、思い出や親の想いに気づかずじまいになるかもしれません。

大切なものを探しながら一緒に片づけてくれる業者がよいのなら、そのような業者を選ぶことが大切ですし、ほとんど片づいていて処分のみでよいのであれば、どんな業者でもかまいません。何を求めるのかによって、選ぶ業者が違うということです。

❖目に見えないものまで見ることが大切

遺品整理は時間と労力がかかる作業です。費用をかけたくないからとか、量がなさそうだからと自分たちで片づけようとがんばりますが、やがて体力も続かなくなって面倒だと業者に依頼するケースは多くあります。もちろん最初から業者に依頼する人もいます。

しかし、「ものを片づける」に目がいき「思い出を見つける」には目がいき届かないのでしょう。親の気持ちを、遺品を通して知ることができる場合もあるのです。

遺品整理のコツ

押し入れに積み重なるものに注意

遺品整理の際、多くの人が、「押し入れの中のものはすべて捨ててほしい」と言います。

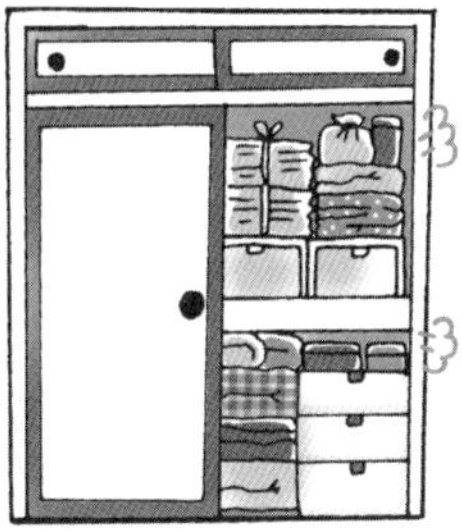

押し入れは、たくさんのものが積み重なっています。親の子ども時代の写真や通知表、両親が出会ったころのなれそめがわかるもの、親の子への想いなど、知って良かったと思う品が眠っている場合があります。

❖見積書作成時に確認すべき事項

遺品整理を業者に依頼する前には、必ず見積書を取りましょう。部屋の中を見なければわかりませんから、遺品整理をする家に来てもらい、確認してもらったうえで見積書を作成してもらいます。

そのときに確認すべき事項が、以下の4点です。

①自分たちの気持ちにどこまで向き合ってくれるのか
②自分に無理のないスケジュールで作業してくれるのか
③終了後に掃除もしてくれるのか
④手順や料金など納得いくまで説明してくれるか

これらは、業者と会って話をしなければわかりません。

さらに、業者の中には、リサイクルなどで売れた分を返金する業者、それらは行わず、処分のみを行う業者などあります。依頼するときの費用ばかりに目を向けず、返金なども行ってくれるのかについても、確認しておきましょう。

❖料金の相場は引っ越しの約3倍

　遺品整理は、引っ越し作業よりも約3倍程度の費用がかかります。しかし、それには理由があります。

　分別は1日では終わりませんし、室内の掃除も最後に行うとなると、引っ越しよりも行う工程が多いからです。

　中には、自宅の洗濯機と交換したいというニーズもあり、引っ越し業者のように、別の場所に移動して終わりというわけではなく、設置まで請け負ってくれる業者もあります。どのような作業をお願いするか考えて依頼しましょう。

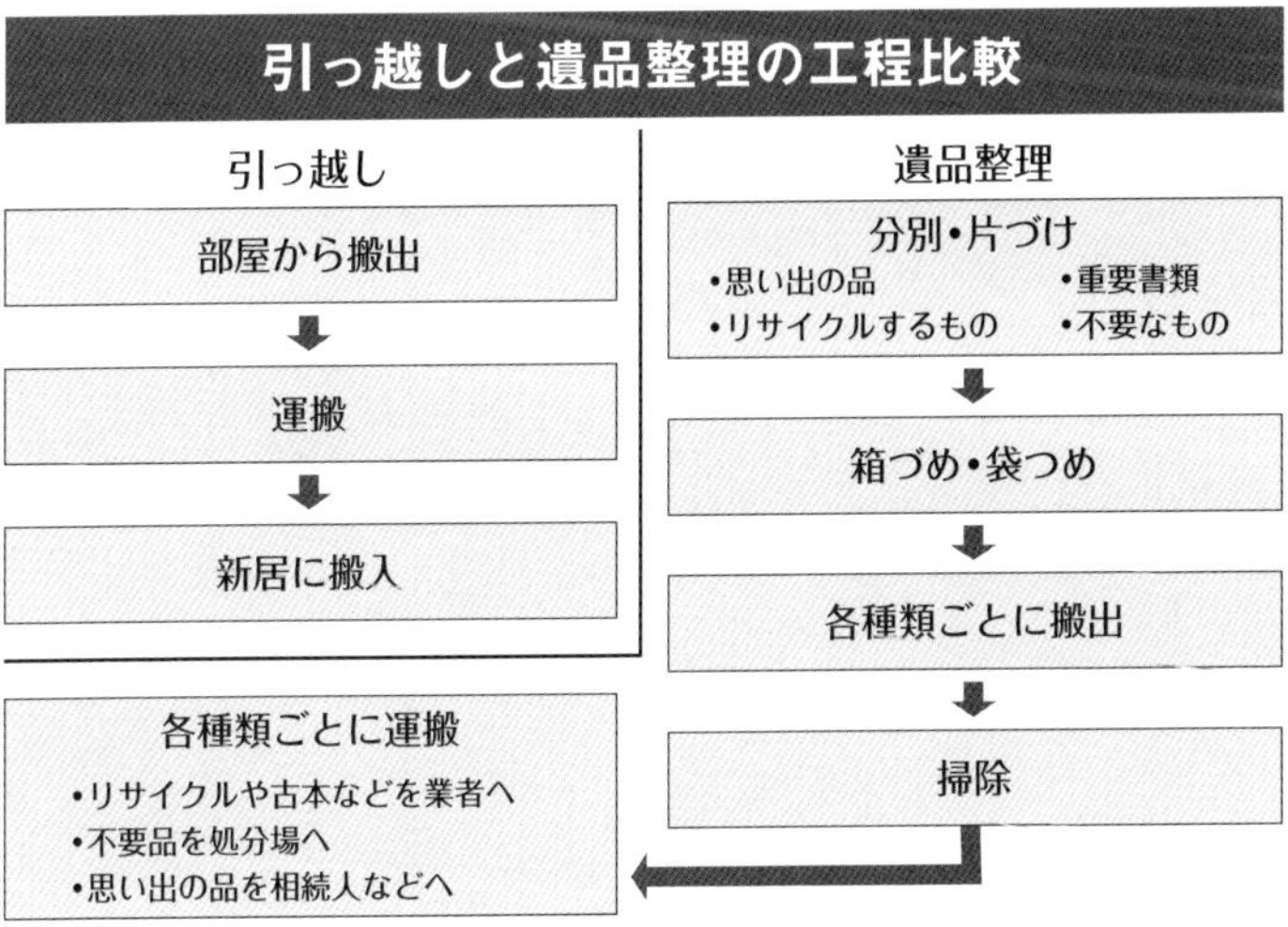

引っ越しと遺品整理の工程比較
引っ越し
部屋から搬出
運搬
新居に搬入
遺品整理
分別・片づけ
・思い出の品
・重要書類
・リサイクルするもの
・不要なもの
箱づめ・袋つめ
各種類ごとに搬出
掃除
各種類ごとに運搬
・リサイクルや古本などを業者へ
・不要品を処分場へ
・思い出の品を相続人などへ

生前整理のススメ

想いや物語は死後だと伝わりにくい

長く親と離れて暮らしていると、親と一緒に片づけをしながら、思い出話をする機会はあまりありません。しかし、親が元気なうちに思い出話を聞きながら、一緒に家の片づけをすることで、両者にとってメリットがあります。

子どもにとっては、親の思い出の品物やそれに付随する思い出話を知ることができ、大切なものの保管場所もわかります。

親自身は、普段離れて暮らしている子どもと話をしたり、一緒に作業をしたり食事をしたりすることがうれしいものです。

子どもが行う生前整理は親孝行であり、将来の自分のためでもあります。もちろん親の家の片づけは親のためでもあるのですが、それ以上に親との関係を見直す機会になり、ひいては子どもの心の安定にもつながります。

❖親と片づけをするときに言わないほうがよい言葉

親が亡くなったあとに悔やまないために、今のうちに親と会話をし、コミュニケーションをとりながら親の家の片づけを一緒にしておくことをおすすめします。

しかしながら、子は親に対して、問答無用に強い言葉を使いがちです。「こんなもの、必要ないでしょう」「いつ使うの」「取っておいてどうするの」「捨ててしまえば」などです。

親が大切に取っておいたものは、何かしら思い出があることも。親自身は捨てることができなくとも、子どもや誰かにもらってもらうことで、「もったいない」という感情や、子どもの役に立てたと自負が生まれることもあります。

親から「これ、あなたにあげる」「家に持って帰って」と言われたときに、むげに断るのではなく、いったん引き取ってからこっそりと処分する気遣いがほしいものです。

心と品物は連動しています。ものには、人生や思い出がたくさん詰まっています。その絆を断ち切るような言動はしないようにしましょう。

〈おわりに〉

遺品整理は故人を改めて知る機会

依頼されて遺品整理をしてみると、遺族の知らない故人を知ることがよくあります。たとえば、勘当した子どもの写真をとっておいた人。縁が切れても、子どもとの思い出の品を大切に持ち続けていたのです。家族の思い出が「もの」となり、それを大切にしていた故人の「もの」がさらに家族の思い出につながっているのです。

多くは、処分するだけの単なるものかもしれませんが、一つひとつを手に取ってみると、その人の想いや生きざまがわかります。もちろん、時間をかければ良いわけではありませんが、遺品整理とはただの片づけではありません。亡くなった人を改めて知り、想いを整理する機会と考えて行っていただければ幸いです。

生前整理・
遺品整理アドバイザー　上東丙唆祥《じょうとうひさよし》

■参考文献

『家族が亡くなる前にやっておくべきこと』明石久美（ＰＨＰ研究所）
『認知症になる前にやっておくべきこと』明石久美（ＰＨＰ研究所）
『配偶者が亡くなったときにやるべきこと』明石久美（ＰＨＰ研究所）
『死ぬ前にやっておきたい手続のすべて』明石久美（水王舎）
『親の家をどう片づける』上東丙唆祥（実業之日本社）
『事例たっぷり！　絶対に失敗しない相続の手続き』相続手続支援センター（ビジネス教育出版社）
『すぐにできる相続・贈与の節税と手続き』辻・本郷税理士法人（ナツメ社）
『ここが知りたい！　デジタル遺品』古田雄介（技術評論社）
朝日新聞連載「なるほどマネー　終活を考える」明石久美

■制作協力

●「これから相続コンサルネット」理事

石川亮（いしかわ・りょう）

司法書士。石川亮司法書士事務所代表。昭和47年、千葉県我孫子市出身。相続手続き、不動産登記、債務整理、消費者トラブル、成年後見手続きなどが専門。

市川正一（いちかわ・しょういち）

税理士。市川税理士事務所代表。昭和41年、千葉県流山市出身。準確定申告、相続税など相続関係のほか、法人にも強い税金のスペシャリスト。

栗原勝（くりはら・まさる）

特定社会保険労務士、特定行政書士。行政書士・社会保険労務士法人栗原事務所代表。昭和43年、東京都出身。老齢年金や遺族年金など年金全般のみならず、遺言書作成、遺産分割・相続手続きなど相続全般にくわしい。

【著者略歴】

明石久美（あかし・ひさみ）

千葉県松戸市在住。相続・終活コンサルタント。明石シニアコンサルティング代表、これから相続コンサルネット理事長。行政書士、ファイナンシャルプランナー（CFP／1級）。身内が葬祭業を営んでいることから、葬儀やお墓も含めた生前対策や死後手続きにくわしい。シニアが行っておきたい今後の準備対策の研修やセミナーを、全国で行っている。

上東丙唆祥（じょうとう・ひさよし）

生前整理・遺品整理アドバイザー。「e品整理」FCチェーンを運営。一般社団法人全日本たすけあい共同参画理事、一般社団法人日本遺品整理協会顧問。20年にわたり遺品整理や孤独死特殊清掃業務を行っており、その件数は3万8000件を超える。テレビ・ラジオ出演、雑誌掲載、著書、講演などの実績も多数あり。

はじめての相続＋遺品整理

2018年12月10日　第一刷発行

著者　明石久美
　　　上東丙唆祥
編集・構成　株式会社 造事務所
発行人　出口 汪
発行所　株式会社 水王舎
〒160-0023
東京都新宿区西新宿6-15-1 ラ・トゥール新宿511
電話　03-5909-8920

本文印刷　大日本印刷
カバー印刷　歩プロセス
製本　ナショナル製本
編集統括　瀬戸起彦（水王舎）

落丁、乱丁本はお取り替えいたします。

ISBN978-4-86470-115-0　C2077

好評発売中！

介護でやるべきことのすべて

みんなの介護・監修

人気サイト『みんなの介護』監修！
あなたの大切な人が倒れる前に知っておくべきことをすべて解説！

「3大認知症の特徴とは」「ケアマネージャーとは？」といった基礎中の基礎知識から、介護保険の活用方法、誰もが気になっている「在宅介護」と「老人ホーム」のメリットとデメリット、家族のメンタルケアまで…介護の人気サイト『みんなの介護』が監修し、豊富な図表やイラストでわかりやすく解説！

定価（本体1300円＋税）　ISBN 978-4-86470-076-4

水王舎